L'ALGÉRIE & LA TUNISIE

A TRAVERS LES AGES

DEUX CONFÉRENCES

Faites dans la salle de la Société de Géographie de Paris
les 2 et 27 décembre 1892

ACCOMPAGNÉES DE DEUX CARTES

PAR

Alexandre BOUTROUE

Associé correspondant de la Société des Antiquaires de France,
Chargé de Missions archéologiques
du Ministère de l'Instruction publique et des Beaux-Arts.

PARIS

ERNEST LEROUX, ÉDITEUR

28, RUE BONAPARTE, 28

1893

L'ALGÉRIE ET LA TUNISIE

A TRAVERS LES AGES

MACON, PROTAT FRÈRES, IMPRIMEURS

L'ALGÉRIE & LA TUNISIE

A TRAVERS LES AGES

DEUX CONFÉRENCES

*Faites dans la salle de la Société de Géographie de Paris
les 2 et 27 décembre 1892*

ACCOMPAGNÉES DE DEUX CARTES

PAR

Alexandre BOUTROUE

Associé correspondant de la Société des Antiquaires de France,
Chargé de Missions archéologiques
du Ministère de l'Instruction publique et des Beaux-Arts.

PARIS

ERNEST LEROUX, ÉDITEUR

28, RUE BONAPARTE, 28

1893

1

L'ALGÉRIE A TRAVERS LES AGES

CONFÉRENCE

FAITE A LA SÉANCE DE LA COMMISSION CENTRALE DE LA SOCIÉTÉ
DE GÉOGRAPHIE DE PARIS DU 2 DÉCEMBRE 1892

SOCIÉTÉ DE GÉOGRAPHIE

Séance du 2 décembre 1892

Présidence de M. CHEYSSON, inspecteur général
des Ponts et Chaussées

L'ALGÉRIE A TRAVERS LES AGES

SOMMAIRE. — La Numidie ; — Les Maurétanie : Césarienne, Sitifienne
et Tingitane ; — Les Vandales et les Byzantins ; — Les Invasions arabes
des VIIe et XIe siècles ; — Le royaume Berbère de Tlemcen ; —
Barberousse, la domination turque et le gouvernement des Deys ; —
Le Bastion de France ; — Les Monuments ; — L'Algérie contemporaine.

MESSIEURS,

L'Algérie n'est pas un pays aussi riche en monuments que
l'Egypte, la Grèce et l'Italie ; elle ne possède ni les Pyramides,
ni le Parthénon, ni le Colisée ; mais c'est une terre française, au
climat doux, tempéré, qui n'est pas débilitant comme celui de
l'Egypte, ce qui tient à la nature et aux divisions de son sol,
divisions que je vous demande la permission de vous rappeler
en quelques mots.

Le territoire de l'Algérie, vous le savez, se divise en quatre
zônes parallèles à la mer Méditerranée.

Il y a d'abord la bordure montagneuse qui se trouve sur le
rivage qu'on appelle *le Sahel* : en arabe « Sahel » veut dire
« rivage ». Puis vient *le Tell*, c'est le mot latin « *tellus* » qui
a été recueilli par les Arabes et adopté par eux ; il indique la

partie cultivable et fertile de l'Algérie. C'est dans le Tell que
se trouvent les vallées célèbres de la *Mitidja* en Algérie et de
la *Medjerda* en Tunisie, mais c'est aussi la partie la moins
salubre du pays.

Derrière le Tell, viennent *les Hauts-Plateaux*, d'une altitude de 700 à 1200 mètres environ et où pousse l'halfa,
plante employée en sparterie et pour la fabrication du
papier. Enfin, après les Hauts-Plateaux qui ont une profondeur variable, commence *le Sahara*, désert de sable où
toute végétation cesse sauf dans les oasis, et où la température
est insupportable.

Eh bien, dans les trois premières zones, c'est-à-dire dans
le Sahel, dans le Tell et sur les Hauts-Plateaux, l'Européen
peut vivre sans fatigue toute l'année. Il n'en est pas ainsi en
Egypte, ni à Tripoli, ni sur toute la côte qui s'étend depuis
Gabès jusqu'à Alexandrie. Cela tient, d'une part, à ce que
cette longue côte est à une latitude plus méridionale que celle
de l'Algérie ; d'autre part, à ce que le Sahel, le Tell et les
Hauts-Plateaux n'y existent pas, en sorte que le désert
s'avance jusque sur le bord de la mer ou à peu près.

En Egypte, il n'y a que la vallée du Nil qui soit fertile :
mais quelle prodigieuse fertilité ! l'histoire est là pour
l'attester. En dehors de cette vallée et dès qu'on s'éloigne de
l'estuaire du Nil, c'est toujours le désert.

C'est à cause de cette situation particulière de l'Algérie,
qu'on a justement appelé cette colonie *la France d'Afrique*,
voulant exprimer par là qu'elle continue en quelque sorte le
territoire de la France, et qu'elle a à peu près son climat ou
plus exactement celui du Sud de l'Europe.

En résumé, l'Algérie est un pays très intéressant pour des
Français ; et, bien qu'on ne puisse pas se dissimuler qu'elle
n'est pas très riche en monuments, on n'y éprouve aucune
déception, même après avoir visité la Grèce, l'Italie, l'Egypte
et l'Orient.

Tout le monde connaît aujourd'hui l'Algérie, au moins par des lectures ; aussi n'ai-je pas la pensée de vous parler de son état actuel.

Son passé est moins connu, et c'est de ce passé que je vous demande la permission de vous entretenir. Chemin faisant, nous ferons une comparaison entre l'Algérie ancienne et l'Algérie contemporaine : vous verrez que cette comparaison n'est ni sans intérêt ni sans utilité et que, si j'avais le temps de m'étendre davantage, nous pourrions trouver quelque chose à imiter dans l'œuvre qui a été accomplie dans ce pays par certains de nos devanciers, notamment par les Romains.

Pour le dire tout de suite, nous aurions bien fait d'étudier plus tôt que nous ne l'avons fait les règles que les Romains ont suivies dans le choix des emplacements de leurs villes et de leurs colonies. Nous n'aurions pas éprouvé certains déboires ; quantités de villages fondés il y a une quarantaine d'années en Algérie et qui n'existent plus, n'auraient jamais vu le jour.

Nous aurions, si nous avions fait comme les Romains, placé ces villages sur le penchant des coteaux, et si nous avions su, comme eux, y faire affluer de l'eau potable, nous aurions évité les épidémies de fièvre et épargné bien des vies humaines. Voilà comment le présent peut tirer un enseignement de l'étude du passé et c'est la meilleure justification de l'utilité des travaux des archéologues, travaux que les esprits superficiels sont trop enclins à considérer comme de simples jeux d'esprit sans intérêt pratique.

L'Algérie a conservé sur son sol des traces des différents peuples qui s'y sont succédé et elle présente des monuments élevés par ces peuples, dont je ferai passer tout à l'heure les plus importants sous vos yeux. Parmi ces monuments, les plus intéressants sont dûs à deux grandes civilisations : je veux parler de la civilisation romaine et de la civilisation arabe.

Les monuments romains sont beaucoup plus nombreux que ceux qu'on trouve en Espagne et en Gaule ; mais, comme la plupart d'entre eux ont été construits à des époques de décadence, ils sont rarement d'un style pur et il en est bien peu qui, au point de vue de l'art, puissent égaler ceux qu'on admire en Italie ou dans le Midi de la France.

Quant aux monuments arabes, je puis les caractériser d'un seul mot : ils sont le reflet de *l'Ecole andalouse.* Vous verrez, en effet, que les plus beaux, qui sont presque tous réunis à Tlemcen, ont été construits sous l'influence des Maures de l'Andalousie, qui furent, pendant plusieurs siècles, à la tête de la civilisation des peuples de leur race.

L'histoire de l'Algérie est moins ancienne, mais elle est aussi moins fabuleuse que celle des contrées de l'Egypte, de l'Orient et de la Grèce.

A l'époque des dynasties du nouvel Empire Egyptien, c'est-à-dire vers le xv° siècle avant Jésus-Christ, les Phéniciens ont établi des comptoirs sur la côte algérienne. Plus tard, au ix° siècle, ils ont fondé Carthage. Je passe très vite, car l'Algérie n'entre véritablement dans le domaine de l'histoire qu'à la fin du iii° siècle avant Jésus-Christ, au moment de la seconde guerre punique engagée entre Rome et Carthage, et elle y entre assez longtemps après que la Tunisie, c'est-à-dire l'ancien territoire de Carthage, y ait déjà joué un rôle important.

C'est le royaume de Numidie, auquel répond notre province de Constantine, qui fait parler de lui le premier. La Numidie avait pour capitale qui, *Cirta* au iv° siècle de notre ère, prit le nom de l'empereur *Constantin* qu'elle a depuis conservé.

Les Numides étaient des cavaliers fort habiles et très hardis ;

les médailles antiques et des bas-reliefs de la colonne trajane à Rome nous les représentent comme soudés à leurs chevaux qu'ils montaient sans étriers, sans selle, sans bride, sans mors et qu'ils dirigeaient seulement avec les jambes, ou peut-être avec un petit bâton qu'ils tenaient de la main droite, et encore ce bâton n'était-il peut-être qu'un signe de commandement ?

A la fin du III° siècle avant Jésus-Christ, le roi numide *Massinissa*, dont nous avons tous entendu parler sur les bancs du collège, s'allie aux Romains contre Carthage. Nous avons un monument qui remonte à cette époque ; il est connu sous le nom de *Madraçen*.

PROJECTION [1]. — Cette photographie est faite d'après un dessin : le Madraçen a servi très probablement de tombeau au roi Numide Massinissa et à quelques-uns de ses successeurs. Il affecte la forme des anciens *tumulus* de l'âge de pierre et rappelle vaguement celle des Pyramides d'Egypte. Il est situé à 30 kilomètres au nord de Batnah et à 90 kilomètres au sud de Constantine. Sa hauteur est de 18 mètres ; l'intérieur est formé par un blocage de grosses pierres non appareillées, mais le revêtement, aujourd'hui fortement endommagé, est en bel appareil.

Le Madraçen.

Un peu plus tard, pendant cinq années, *Jugurtha* roi de Numidie, résiste aux armées romaines. Vous savez qu'il fut livré au général romain *Sylla* par *Bocchus*, son beau-père, roi de *Maurétanie*. Cet évènement se passa en l'an 106 avant Jésus-Christ.

Soixante ans après, *Salluste* gouverna pendant deux ans la province de *Numidie* pour le compte de *César*. Salluste était un fonctionnaire rapace, cupide, concussionnaire ; mais c'était en même temps un écrivain remarquable qui s'est immor-

---

1. La conférence était accompagnée de projections à la lumière oxhydrique : on trouvera en marge l'indication des photographies projetées.

talisé en écrivant la *guerre de Jugurtha* où il nous a laissé une description précise du pays qu'il connaissait bien.

Il dit : « La mer d'Afrique est orageuse ; les côtes offrent
« peu de ports ; le sol est fertile en grains, abondant en pâtu-
« rages, dépouillé d'arbres ; les pluies et les sources y sont
« rares (*cœlo terráque penuria aquarum*). Les hommes y
« sont robustes, légers à la course, durs au travail. A l'excep-
« tion de ceux que moissonne le fer ou la dent des bêtes
« féroces, la plupart meurent de vieillesse, car rien n'y est
« plus rare que d'y être emporté par la maladie. »

Ce tableau qui nous montre l'aspect du pays à l'époque où Salluste l'habitait est encore aujourd'hui exact dans ses grandes lignes. Le pays aurait donc peu changé depuis près de deux mille ans. Les hommes que Salluste a décrits, nous les connaissons : ce sont *les Berbères* dont le type le plus pur se rencontre chez les *Kabyles* qui, eux aussi, sont robustes, durs au travail et en cela bien différents des peuples de race arabe proprement dite.

Un groupe de Kabyles à la porte d'une mosquée.

Voici des Kabyles. C'est évidemment cette race que Salluste a décrite.

La vie humaine devait être plus longue alors en Afrique qu'elle ne l'est aujourd'hui. D'après Salluste et d'après de nombreuses inscriptions trouvées dans le pays, il y avait beaucoup de centenaires.

Il ne semble pas qu'on ait tiré du livre de Salluste tout ce qu'il contient ; il serait très intéressant d'identifier tous les lieux dont il a parlé, de dresser l'itinéraire des marches et contremarches des généraux romains et des troupes des rois de Numidie et de Maurétanie : cela nous ferait beaucoup mieux connaître la Numidie antique que nous ne la connaissons.

Au témoignage de Salluste opposons-en un autre presque aussi ancien, celui de *Plutarque*, dans la langue de son vieux traducteur *Amyot*, qui a tant de saveur.

Dans la *Vie de Pompée*, Plutarque dit :

« Et si dit davantage Pompée, (c'est-à-dire que Pompée se
« dit en outre) qu'il ne fallait pas que les· bêtes sauvages
« même de l'Afrique (il parle de la partie qui coïncide avec la
« Tunisie et la province de Constantine) demourâssent sans
« éprouver la force et la fortune des Romains ; au moyen de
« quoi il employa quelques jours, mais peu, à chasser aux
« lions et aux éléphants. »

Donc à cette époque, soixante ans avant Jésus-Christ, il y
ayait encore des éléphants dans le Nord de l'Afrique, et par
conséquent, le pays devait être plus boisé, mieux arrosé et
contenir plus de pâturages qu'aujourd'hui, car sans cela les
éléphants n'auraient pas pu y trouver leur subsistance. Nous
avons donc bien fait d'invoquer ce témoignage de Plutarque
qui ne corrobore pas complètement celui de Salluste.

En prenant Salluste au pied de la lettre, on est amené à
conclure que le climat de l'Afrique était, il y a deux mille
ans, identiquement ce qu'il est aujourd'hui ; tandis qu'en lisant
Plutarque, il semblerait, et je crois que c'est bien là la note
vraie, que l'aspect du pays s'est modifié sur d'immenses
espaces et que des bois et des pâturages qui existaient jadis
ont disparu.

La Société de géographie a fait dresser deux cartes murales :
l'une qui représente l'*Afrique* ancienne et l'autre l'*Afrique*
actuelle. Sur celle qui représente l'Afrique du Nord à l'état
actuel, le trait rouge indique l'itinéraire que j'ai suivi[1].

Examinons comment les Romains avaient divisé ce pays et,
pour cet examen, plaçons-nous à l'époque des premiers empereurs romains, dans le premier siècle de l'ère chrétienne.

Nous voyons d'abord la province proconsulaire d'Afrique,
ainsi nommée parce qu'elle était gouvernée par un ancien consul ; elle correspondait à la Tunisie et eut pour capitales suc-

1. Voyez les cartes jointes à cette brochure.

cessivement *Utique* et *la Carthage romaine*. A l'ouest de la province proconsulaire était *la Numidie*, laquelle occupait les territoires qui forment à peu près aujourd'hui le département de Constantine ; nous avons dit qu'elle avait pour capitale *Cirta*, la moderne *Constantine*.

Puis venait une grande province connue sous le nom de *Maurétanie césarienne* comprenant nos *départements* d'*Alger* et d'*Oran*. A l'ouest de cette province s'étendait la *Maurétanie tingitane* qui comprenait une partie du Maroc actuel : elle avait pris son nom de sa capitale *Tingis*, aujourd'hui *Tanger*. C'est sous l'empereur Claude, au milieu du 1er siècle de notre ère, que la Maurétanie césarienne et la Maurétanie tingitane furent séparées et formèrent deux provinces.

Sous Dioclétien, en l'an 292, une troisième province de Maurétanie fut créée : la *Maurétanie sitifienne* qui tira son nom de sa capitale *Sitifis*, la moderne *Sétif*, à une quarantaine de lieues à l'ouest de Constantine. Cette province fut composée de parties prises à la Numidie et à la Maurétanie césarienne.

En l'an 23 de notre ère, après 53 années de règne, mourut *Juba II*, roi de la Maurétanie césarienne, dans sa capitale de *Julia Cæsarea* dont les Arabes ont fait *Cherchel*, qui est aujourd'hui un petit port situé à environ vingt lieues à l'ouest d'Alger. Juba II avait été protégé par l'empereur Auguste ; c'était un écrivain et un artiste ; il avait été nommé roi de Maurétanie par les Romains dont il n'était en réalité que le simple agent. Auguste lui avait fait épouser *Cléopâtre Séléné*, fille de la célèbre reine d'Egypte *Cléopâtre* et du triumvir *Marc-Antoine*.

Vous vous demandez pourquoi je vous raconte toute cette histoire : c'est tout simplement pour vous montrer le tombeau que Juba II fit élever à la reine Cléopâtre Séléné, sa femme, et à lui-même. Il est connu sous le nom de *Tombeau de la Chrétienne* (*Khoubr-er-Roumia*). Les Arabes lui ont donné ce

Tombeau de la Chré-tienne.

nom, bien qu'il ait été édifié avant l'introduction du christianisme dans cette contrée, parce qu'il est orné de quatre fausses
portes orientées à peu près aux quatre points cardinaux, et
que sur chacune de ces portes, il y a un motif de décoration
composé de deux lignes se coupant à angle droit et affectant
par suite la forme d'une croix.

Le *Tombeau de la Chrétienne* est dans une position magnifique, sur une hauteur dépendant du *Sahel*, dominant la mer
de 230^m, tandis qu'au sud la vue s'étend sur la fertile plaine
de la *Mitidja* et sur les contreforts de l'Atlas.

C'est le plus beau monument de toute l'Algérie : ses pro-
portions sont colossales; il a la forme d'un cône tronqué
reposant sur une base carrée et ornée de colonnes ioniques
engagées. Comme vous le voyez, il a beaucoup de ressemblance avec le *Madraçen*, sauf que la base de ce dernier est
circulaire. Ces deux monuments offrent une imitation lointaine
du style et de la forme des Pyramides d'Egypte ainsi que des
grands tombeaux romains, par exemple du tombeau de
l'empereur *Adrien* qui est actuellement connu à Rome sous
le nom de *Château Saint-Ange* ; mais le mausolée d'Adrien
est moins grand que le Tombeau de la Chrétienne. Celui-ci
a un peu plus de trente mètres de hauteur; il en a eu plus
de quarante : il s'est donc affaissé d'une dizaine de mètres.
Dans l'intérieur composé de larges pierres bien appareillées,
en quoi il diffère du Madraçen, on a découvert, à peu près
au centre, une chambre qui a dû contenir au moins un sarcophage; mais ce sarcophage a disparu, comme celui du Madraçen et comme ceux des grandes pyramides d'Egypte, à
l'exception de la troisième, celle de *Mycerinus*, dans laquelle
on trouva encore, au milieu de ce siècle, un magnifique sarcophage qui fit naufrage sur les côtes du Portugal avec le
navire qui le transportait en Angleterre. Tous ces grands monuments ont été violés dans l'antiquité.

Du début de l'ère chrétienne jusqu'à la chute de l'empire romain, c'est-à-dire pendant les quatre premiers siècles de notre ère, le pays a traversé la plus belle période de son histoire. Les Romains l'ont colonisé lentement, patiemment; ils ont mis plus de deux siècles à faire ce que nous avons fait en moins de soixante ans. La contrée était bien plus peuplée alors qu'elle ne l'est aujourd'hui. Les Romains élevèrent beaucoup de villes, et comme je vous le disais en commençant, ils savaient en choisir les emplacements beaucoup mieux que nous n'avons su le faire au début de notre colonisation.

De ces villes il nous reste des monuments nombreux, et dans beaucoup d'entre elles on voit encore des aqueducs, des bains publics ou thermes, des arcs de triomphe, souvent aussi un théâtre où l'on représentait les comédies antiques et un amphithéâtre dans lequel se donnaient les combats des gladiateurs et les jeux du cirque.

Nous avons découvert, et ces chiffres vous indiqueront quelle a été l'intensité de la colonisation du Peuple-Roi, plus de 16.000 inscriptions romaines dans le Nord de l'Afrique.

Les Romains, bien entendu, n'ont pas pu coloniser ce pays sans y avoir un établissement militaire important. C'est ainsi que la troisième légion romaine, qui avait reçu le titre de *legio tertia Augusta*, comme autrefois les régiments français portaient les noms de personnages célèbres, était cantonnée à *Lambaesis*: c'est le nom latin dont on a improprement fait *Lambessa*, il suffisait, pour le franciser, de dire *Lambèse*.

Cette ville était située à environ 120 kilomètres au sud-est de Constantine, à une douzaine de kilomètres de Batnah, au pied des montagnes de l'*Aurès*. Voici encore un nom arabe l'*Aurès*, sous lequel se cache l'ancienne dénomination romaine *Mons aurasius*, la montagne dans laquelle on avait trouvé de l'or (*aurum*). Lambèse a été une ville qui a eu, les uns disent 40.000, d'autres 60.000 habitants; aujourd'hui elle en compte à peine 1.500.

Au début de notre colonisation, permettez-moi de rappeler ce souvenir, un régiment français en expédition était campé à Lambèse, lorsqu'on découvrit la tombe d'un officier supérieur de la *troisième légion Augusta*, d'un préteur si je ne me trompe. Le colonel commandant le régiment français voulut rendre les honneurs funéraires à son collègue de l'antiquité ; il fit défiler les soldats devant sa tombe, le drapeau s'inclina et l'on tira une salve. C'est ainsi que notre armée continue la tradition et donne la main à l'ancienne armée romaine d'Afrique dont M. R. Cagnat vient d'écrire la savante histoire.

C'est cette même Lambèse qui a été depuis déshonorée par les déportations politiques d'honnêtes et courageux citoyens qui n'avaient commis d'autre crime que d'oser résister au coup d'Etat du 2 décembre 1851.

On y voit un monument de grandes dimensions, le *Praetorium*. Je puis vous montrer cette photographie et plusieurs autres, grâce à l'autorisation qui m'a été donnée par MM. Neurdein frères, leurs propriétaires ; je tiens à les en remercier ici publiquement. Le *Praetorium* était le quartier général de la légion ; c'est là que demeurait le préteur, qu'avaient lieu les conseils de guerre et que s'accomplissaient les cérémonies solennelles de la vie militaire romaine. D'après une inscription, ce monument a été construit en l'an 267 de notre ère, quatre ans après le tremblement de terre qui détruisit celui qu'il a remplacé.

Prætorium de Lambèse.

A vingt-cinq kilomètres de Lambèse on a découvert une petite ville romaine qui a beaucoup fait parler d'elle dans ces derniers temps : *Timgad*, l'ancienne *Thamugas*.

On connaissait depuis le commencement de ce siècle son arc de triomphe qui fut élevé, croit-on, par Trajan en l'an 100 de notre ère ; mais depuis moins de deux ans, Timgad a été fouillée très intelligemment par le service des monuments historiques, et l'on y a mis à jour une véritable *Pompéi nouvelle*

Arc de triomphe de Trajan à Timgad.

2

avec son théâtre, ses rues, son forum, etc. : les fouilles se continuent en ce moment.

Théâtre
de Timgad.
Rue
principale
de Timgad.
Le théâtre de Timgad a été déblayé il y a quelques mois, ainsi que la rue principale, la rue triomphale, à l'extrémité de laquelle vous pouvez apercevoir l'arc de triomphe de Trajan dont je viens de vous parler. Cette ville était située à une altitude supérieure à 1.000 mètres au dessus du niveau de la mer, au pied du pic le plus élevé de l'Aurès, le *Chélia*, qui dépasse 2.300 mètres et est en même temps la plus haute montagne de toute l'Algérie.

Rien n'est mélancolique comme la vue de ces ruines dans un paysage absolument désolé, sans un arbre, sans une maison, sans un habitant. C'est là qu'on peut affirmer que l'aspect du pays a changé, mais il faut reconnaître que la solitude dans laquelle se trouvent aujourd'hui ces ruines qui rappellent une civilisation si raffinée, donne une impression de grandeur et de tristesse comparable à celle qu'on éprouve en face de celles de *Poestum*. On n'a pas, il est vrai, la mer devant soi ; on ne contemple pas des temples grecs que le temps et la main des hommes ne sont pas parvenus à détruire, mais les ruines de Timgad sont bien plus importantes et elles s'étagent sur le penchant d'une montagne, dominées par des pics assez élevés, dans un site extrêmement pittoresque : c'est là le bijou archéologique de l'Algérie.

Je voudrais vous montrer d'autres monuments romains. Pour cela passons de la province de Constantine dans la province d'Alger.

A défaut des ruines de *Cherchel* dont je ne possède aucune photographie, voici une vue prise à *Tipasa*, petite colonie romaine créée par l'empereur Claude pour des vétérans, c'est-à-dire des anciens soldats romains retirés du service.
Hexèdre
de Tipasa.
Tipasa était proche de Cherchel. Ce sont les ruines d'une fontaine en forme d'*héxèdre*, c'est-à-dire affectant celle d'un demi-cercle divisé en six parties.

Arrivons à l'époque des *Empereurs Africains*, ainsi nommés parce qu'ils sont nés en Afrique ou qu'ils y ont reçu la pourpre, je veux parler de *Septime Sévère*, *Caracalla* et des *Gordien* qui régnèrent au IIIe siècle de notre ère; c'est l'époque où le pays a joui de sa plus grande prospérité.

L'Algérie et surtout la province d'Afrique, c'est-à-dire la Tunisie, ont produit un grand nombre d'hommes illustres : poètes, orateurs, écrivains, martyrs, grands évêques, pères et docteurs de l'Eglise. Il me suffira de vous citer *Apulée*, le charmant auteur de l'*Ane d'or*, ce roman dans lequel il raconte le gracieux épisode de l'*Amour et Psyché*, qui a été depuis immortalisé par la peinture, la poésie, la musique et qui évoque les noms de Raphaël, de Corneille, de Molière, de La Fontaine, sans parler de nos auteurs contemporains.

Je vous citerai encore *Tertullien*, un orateur fougueux, une sorte de Bossuet latin ; *Saint Cyprien*, évêque de Carthage, qui mourut martyr ; enfin *Saint Augustin*, évêque d'*Hippone*, aujourd'hui *Bône*, dans la province de Constantine.

Il y avait dans cette province une ville importante, surtout par sa situation à la limite des possessions romaines et du désert : c'était *Théveste*, aujourd'hui *Tébessa*. Elle est placée à 200 kilomètres au sud-est de Constantine, à une altitude de 1.100 mètres au dessus du niveau de la mer et à 16 kilomètres seulement de la Tunisie.

Voici un *temple de Tébessa* qu'on avait pris d'abord pour un temple de Minerve, mais qui était plus probablement dédié à Jupiter. Ainsi que vous le voyez, il est construit sur le même plan que la *Maison carrée de Nîmes*, mais il est d'une exécution moins parfaite. Suivant M. Héron de Villefosse, qui a si bien étudié Tébessa, ce monument est de plus de 200 ans postérieur à la *Maison carrée*.

Cette projection représente un autre monument de Tébessa, *l'arc de triomphe de Caracalla*. Une inscription indique qu'il a été construit en l'an 214 de l'ère chrétienne. Il fut élevé *ex*

Temple de Jupiter à Tébessa.

Arc de Caracalla à Tébessa.

testamento, en vertu d'une clause du testament d'un citoyen romain, né dans le pays, qui avait occupé des fonctions publiques très importantes. Il offre cette particularité assez rare qu'il est *quadrifrons*, c'est-à-dire qu'il présente sur ses quatre côtés identiquement la même façade, comme *l'arc de Janus* à Rome et comme l'arc de triomphe de Tripoli. En même temps qu'à *Caracalla* et à son frère *Géta*, cet arc avait été dédié par le testateur à leur mère *Julia Domna veuve de Septime Sévère*, qui y reçoit le titre de la mère du Camp romain : *Matri Castrorum*.

Emplacement prétendu du Tombeau de saint Augustin à Hippone (Bône).

Ceci est le prétendu emplacement du *tombeau de saint Augustin*, à deux kilomètres de Bône, là où se trouvait l'ancienne *Hippo regius* (*Hippone*), dont il était évêque. Il y mourut en l'an 430 de l'ère chrétienne, alors que la ville était assiégée par les Vandales. On peut dire qu'en même temps qu'il rendait le dernier soupir, le pays voyait la fin de la prospérité dont il jouissait depuis quatre siècles. En effet, c'est à cette époque que commence cette série de guerres, de pillages, de scènes de désolation et de meurtres, qui ont décimé la population et ont amené le pays à l'état dans lequel il était lorsque nous sommes entrés à Alger, le 5 juillet 1830.

Cependant un siècle plus tard, sous l'empereur de Constantinople *Justinien*, le pays traversa une courte éclaircie. Il fut conquis par ses généraux *Bélisaire* et l'eunuque *Solomon*, qui repoussèrent pour un temps les *Maures*, restes de la population autochtone, et les *Vandales*. Mais le pays fut à la même époque décimé par des luttes religieuses, que nous avons aujourd'hui quelque peine à comprendre, entre les *donatistes* et les *orthodoxes*.

Solomon transforma les monuments et s'en servit pour établir un système de défense. Nombre de villes, Tebessa est du nombre, furent fortifiées par lui et entourées de murailles faites avec des matériaux romains. Par suite de ces guerres,

les anciennes villes romaines avaient déjà perdu une grande
partie de leur population.

Voici, à Tebessa, la porte qui a conservé le nom du général
byzantin Solomon qui fut tué sous ses murs en l'an 543. De
grands monuments furent aussi édifiés ou tout au moins modi-
fiés sous l'influence du style byzantin, comme par exemple,
cette vaste basilique située à 1 kilomètre de Tebessa et qui a
été construite presque complètement avec des matériaux
romains.

Porte de Solomon à Tebessa.

Basilique byzantine à Tebessa.

Enfin, car il faut que j'aille très vite, un siècle plus tard,
au vii⁰ siècle de notre ère, nous voyons apparaître un art
dégénéré, une architecture assez étrange qui a été pratiquée
par une dynastie indigène de princes ou *rois maures* convertis
au christianisme, lesquels régnaient dans la *province d'Oran*.
C'est ainsi qu'entre *Tiaret* et *Fremda*, au nord-est de *Saïda*,
on trouve une dizaine de monuments qui ont été fort bien étu-
diés par M. R. de la Blanchère, monuments qu'on appelle des
Djedar et qui ne sont autre chose que les tombeaux de ces
rois indigènes.

Voici le plan d'un de ces Djedar. Dans le coin à droite,
vous pouvez aussi apercevoir la perspective de ce petit monument et voir ce que sont devenus, à une époque de décadence,
le *tumulus préhistorique*, les *grandes Pyramides d'Egypte* et
le *Madraçen* après leurs transformations successives.

Plan et vue perspective d'un Djedar.

Nous en avons fini avec l'Afrique antique et nous allons
voir paraître sur la scène du monde un peuple qui y a joué
un rôle extrêmement important, mais dont l'histoire n'a pas
encore été écrite d'une façon définitive, parce que nous ne la
connaissons qu'imparfaitement : je veux parler du peuple
arabe.

Au milieu du vii⁰ siècle de notre ère, dans le premier siècle
de l'hégire et dans le premier mouvement d'enthousiasme qui
suivit l'établissement de la religion de Mahomet, les Arabes

ont envahi l'Afrique du Nord et, dans l'espace de 40 ans, ils
l'ont conquise depuis la mer Rouge jusqu'à l'Océan.

Ils étaient dirigés par *Sidi Okba*, un général très brave,
très hardi, animé de ce fanatisme, de cette foi ardente qui
sont éclos au lendemain de la mort du Prophète. Arrêté au
sud de Tanger par les flots de l'Océan Atlantique, il y fit entrer
son cheval jusqu'au poitrail, tira son sabre et déclara qu'il pre-
nait possession de la mer au nom de Mahomet. Il périt misé-
rablement dans une échauffourée près d'une petite oasis située
à 20 kilomètres de *Biskra* et à laquelle il donna son nom. C'est
là qu'il est enterré, dans une petite mosquée qu'entourent les
palmiers de l'oasis.

Oasis de Sidi Okba.

Dans le premier élan de leur foi et de leur conquête, les
Arabes ont élevé quelques beaux monuments dans leur style
primitif qui s'inspire de l'*art persan* et surtout de l'*art byzantin*.

L'Algérie ne possède pas de monuments arabes de cette
époque : pour en voir, il faudrait aller en Tunisie, à la
grande mosquée de Kairouan fondée par Sidi Okba ; mais
cela nous ferait sortir du cadre de notre sujet qui est déjà
trop vaste.

Les Arabes imposèrent aux habitants leur religion, leur costume, leurs mœurs, leurs usages, quoiqu'ils fussent peu nombreux dans cette première invasion du viie siècle ; mais ils
n'imposèrent pas leur langue ; et dans celle qui est encore
parlée par les Berbères tels que les Kabyles, on retrouve la
langue que parlaient les habitants du pays au moment où les
Arabes l'ont envahi. Quand je dis que les Arabes ont respecté
la langue berbère, il faut s'entendre, car tous les peuples qui
sont soumis à la loi de Mahomet voient s'introduire dans leurs
idiomes des mots arabes. Vous savez, en effet, que les cérémonies de la religion islamique sont extrêmement simples :
elles consistent uniquement dans la lecture et la récitation du

Coran : or cette récitation doit être faite en arabe, le Coran
ne devant pas être traduit. Parfois l'Iman ne comprend pas
lui-même ce qu'il dit, comme dans certains pays catholiques il
arrive que des prêtres ignorants récitent des prières latines
sans en pénétrer le sens. On comprend que cette obligation,
dans laquelle se trouvent les peuples vaincus de réciter le
Coran en arabe, tout en conservant leur langue nationale, a
dû amener l'introduction de nombreux mots arabes dans leur
vocabulaire. Néanmoins, la langue berbère subsiste : à l'Ecole
supérieure des Lettres d'Alger qui correspond à nos Facultés
de France, elle est enseignée, et une notable partie de la population de l'Algérie n'en parle pas d'autre.

Ces Berbères ont été chrétiens, beaucoup l'étaient quand les
Arabes ont envahi leur pays. On en voit la preuve dans la
croix que les Kabyles se tatouent encore sur le front et qui
est évidemment une survivance de leur foi ancienne.

Les Arabes envahirent une seconde fois l'Algérie au xɪᵉ
siècle : c'est ce qu'on appelle l'*Invasion Hilalienne*, du nom
de la tribu qui la dirigea. Elle fut beaucoup plus meur-
trière que la première : on sait que les Arabes par nature
sont nomades et pillards; ils arrachent les arbres et se plai-
sent dans les scènes de meurtre et de destruction. C'est peut-
être à cette époque-là et ensuite sous la domination turque
que le pays a traversé les jours les plus sombres de son histoire.

Cependant, depuis la fin du xɪɪᵉ siècle jusqu'au xvɪᵉ, c'est-
à-dire pendant trois siècles, le royaume berbère établi à Tlemcen a vu fleurir les arts : il fut détruit par le farouche *Barberousse*.

Le royaume de Tlemcen recevait ses architectes, ses artistes et ses savants, qui étaient en même temps des Marabouts,
c'est-à-dire de saints personnages (car chez les Musulmans la
science est inséparable de la religion), du pays des Maures d'Espagne qui étaient à la tête de la civilisation des peuples de leur
race. Aussi est-ce à Tlemcen qu'on trouve les plus beaux

monuments mauresques de l'Algérie : ils sont construits d'après les règles de *l'école Andalouse* dont le palais de *l'Alhambra de Grenade* est le chef-d'œuvre.

Les marabouts *Sidi-Bou-Médine* et *Sidi-el-Halaoui*, auxquels ont été élevées des mosquées dans les environs de Tlemcen, étaient venus d'Espagne, et tous les monuments élevés dans le Nord de l'Afrique entre le xii° et le xvi° siècle sont le reflet de l'art et de la civilisatisn des Maures d'Espagne.

Vue générale de Tlemcen. Commençons par jeter les yeux sur la ville de *Tlemcen*. Elle est située à l'altitude de 750 mètres et a aujourd'hui 28.000 habitants , autrefois elle en comptait certainement 125 et peut-être 150.000. Elle est dans la province d'Oran, à 24 kilomètres de la frontière du Maroc ; sa situation est ravissante, sur le flanc d'une petite montagne ; les fleurs qui y éclosent au printemps font de ce pays une sorte de paradis terrestre.

La porte du Méchouar à Tlemcen. Voici la porte du *Méchouar* qui donnait accès dans le palais des rois. On a supposé, non sans raison je crois, que les Espagnols, qui ont été les maîtres de Tlemcen pendant un certain temps, ont remanié les murailles du Méchouar.

La grande Mosquée. Cette vue représente l'intérieur de la *grande mosquée de Tlemcen* ; c'est une œuvre du xiii° siècle, fort belle.

Intérieur de la Mosquée d'Alb-El-Kassem. La petite *mosquée d'Abd-el-Kassem*, transformée en *medressé* ou école franco-arabe, remonte au début du xiv° siècle. Vous pouvez y admirer de charmantes arabesques en plâtre fouillé, qui ont la plus grande analogie avec les motifs de décoration de l'Alhambra de Grenade.

Rempart de Tlemçen. Les *remparts de Tlemcen* sont généralement des xiii° et xiv° siècles.

Mosquée de Sidi Halaoui. L'intérieur de la *mosquée de Sidi-Halaoui*, à 300 mètres de Tlemcen, achevée en 1353, offre des petites colonnes basses en onyx surmontées d'un joli chapiteau.

Minaret d'Agadyr. *Agadyr* est la ville arabe qui a remplacé l'ancienne colonie romaine de *Pomaria* ; elle était située à 1 kilomètre de Tlemcen.

Il ne reste aujourd'hui de la ville que ce minaret : la mosquée à laquelle il appartenait a été construite en 789 et réédifiée au xiiᵉ siècle. Je ne serais pas éloigné de croire que la base du minaret appartînt au premier monument : ce qui est certain, c'est que cette base est construite avec des pierres romaines de grandes dimensions sur quelques-unes desquelles on peut encore lire des inscriptions.

Voici l'enceinte d'une ville ou plutôt d'un camp fortifié situé à 2 kilomètres de Tlemcen qu'on appellait *Mansourah*. Il fut créé et entouré du mur crénelé et fortifié que vous voyez, par un sultan du Maroc qui était venu assiéger Tlemcen en 1302.

Enceinte de de Mansourah près de Tlemcen.

Le *Minaret de Mansourah*, situé dans l'enceinte que nous venons de voir, est le plus beau de Tlemcen et aussi le plus beau monument arabe de toute l'Algérie. Il peut être comparé au minaret de la grande mosquée de Séville, qui est aujourd'hui la tour de la cathédrale connue sous le nom de *la Giralda*.

Minaret de Mansourah.

Voici le village et la *mosquée de Sidi-Bou-Médine*, à 2 kilomètres de Tlemcen. C'est là que mourut ce saint personnage venu d'Espagne, dont je vous ai parlé. Au lendemain de sa mort, le sol ayant été sanctifié par sa présence, les Arabes élevèrent une mosquée autour de laquelle on construisit bientôt une école et des maisons qui formèrent le petit village que vous voyez. Ce village est dans une situation très pittoresque.

Village et Mosquée de Sidi Bou-Medine près de Tlemcen.

Dans l'intérieur du *tombeau* du marabout *Sidi-Bou-Médine*, vous voyez un mélange singulier d'objets européens et arabes: Il y a des pendules, des tableaux, des lampes, des suspensions ; mais le tombeau est ombragé par des drapeaux autour desquels viendraient se grouper les fanatiques musulmans le jour de la révolte. Les habitants de Tlemcen sont animés d'un fanatisme plus ardent que les autres populations de l'Algérie ; ce qui est dû au voisinage du Maroc. Je vous rappelle qu'à ce style andalou, on pourrait opposer le style arabe primitif

Intérieur du tombeau de Sidi Bou Medine.

qui l'a précédé de 3 à 4 siècles et qui est si bien représenté par les grandes mosquées de Cordoue, de Kairouan et par celle d'Amrou au Caire.

Au début du xvıᵉ siècle, deux frères, deux audacieux écumeurs de mer, s'emparèrent de l'Afrique du nord depuis Tunis jusqu'à Tlemcen : l'un s'appelait *Baba-Aroudj* dont, par une sorte de calembour, nous avons fait *Barberousse*, et l'autre *Kheir ed Dyn*. Ils étaient originaires de l'ancienne *île de Lesbos*, aujourd'hui *Mitylene* ou *Métélin*, sur les côtes de l'Asie Mineure, presque à l'entrée de l'Hellespont. Embarrassés de leurs conquêtes et ne sachant qu'en faire, ils les placèrent sous la suzeraineté du sultan de Constantinople : c'est ainsi que la Tunisie et l'Algérie passèrent sous le joug de la Turquie et que l'art arabe, berbère ou maure fut remplacé par l'art turc qui n'a rien de séduisant et dont il est inutile que je vous montre un échantillon.

Pour réprimer les brigandages des Barbaresques, Charles-Quint fit diverses expéditions. En 1535 il s'empara de Tunis, mais il échoua contre Alger en 1541. Les Espagnols ont cependant occupé pendant quelque temps Alger, Bougie, Tlemcen et ils sont restés à Oran pendant 120 ans en deux fois. Aussi n'est-il pas surprenant qu'on trouve en Algérie tant de constructions de style espagnol.

Le Peñon d'Alger. A Alger, ils ont édifié ce qu'on appelle *le Peñon* (*pegnon*), c'est-à-dire le fort. Sur ce fort nous avons placé un phare à la base duquel vous voyez une tour qui est tout ce qui reste de l'ancienne forteresse.

Fort Santa-Cruz à Oran. A Oran, nous trouvons des traces plus importantes du séjour des Espagnols : voici le *fort Santa-Cruz* qui domine la mer de 450 mètres.

Fort espagnol de Mers El Kebir. A côté d'Oran, à une dizaine de kilomètres, est le petit port de *Mers-el-Kebir*. Je dis : *petit port*, bien qu'en arabe Mers-el-Kebir veuille dire le grand port. C'est là qu'ont abordé tous les envahisseurs. Il est défendu par ce beau fort espagnol dans lequel nos soldats tiennent aujourd'hui garnison.

Au pacha turc les soldats mercenaires ne tardèrent pas à opposer un homme qu'ils élurent parmi eux et auquel ils donnèrent le nom de *Dey*. Souvent il leur arriva de choisir les Deys parmi des chrétiens qui s'étaient faits musulmans, et ceux-là n'étaient pas les moins féroces.

Les deys d'Alger ont concédé à la France, ou tout au moins à une compagnie française qui portait le nom de *compagnie d'Afrique*, le droit de pêcher le corail sur la côte de l'Algérie, notamment sur la côte de la province de Constantine. Pendant près de trois siècles presque sans interruption, de 1520 à 1798, cette compagnie française s'est ainsi livrée à la pêche du corail.

Vous pensez bien que le sort des employés et agents français qui étaient obligés de rester dans ce pays habité par des brigands n'était pas enviable. Aussi la compagnie avait-elle obtenu l'autorisation d'élever une forteresse qu'on appela, pendant les deux derniers siècles, le *Bastion de France*. A défaut de sa photographie, je vais vous montrer une vue de *La Calle*, le dernier petit port sur la côte de l'Algérie, à une quinzaine de kilomètres de la frontière de la Tunisie. Le *Bastion de France*, qui a été occupé par des Français soumis à toutes sortes d'avanies et exposés chaque jour à être massacrés, était situé à 3 kilomètres de La Calle.

Port de la Calle, voisin du Bastion de France.

Du xvie siècle jusqu'au jour où les Français sont entrés à Alger, cette ville a été un repaire de pirates : quelques chiffres seront plus éloquents que tout ce que je pourrais dire. En 1576, il y avait 25.000 esclaves chrétiens en Algérie. Un ordre religieux s'était créé, les *Pères de la Merci ou de la Rédemption*, qui parcouraient l'Europe l'escarcelle à la main, pour recueillir des aumônes qu'ils employaient à adoucir le sort des esclaves chrétiens pris et détenus par les Barbares-

ques et à les racheter quand ils le pouvaient. Le sort
des Pères de la Rédemption n'était pas non plus digne d'envie,
bien qu'ils eussent un sauf-conduit pour venir apporter leur
argent qui était toujours bien reçu par les fonctionnaires du
dey et par le dey lui-même.

Diverses expéditions ont été dirigées contre Alger, notamment par nos chefs d'escadre *Duquesne*, *Dugay-Trouin* et le
duc d'Estrées. Au début de ce siècle *Lord Exmouth*, amiral
anglais, bombarda Alger et délivra 1642 esclaves chrétiens.
Cet état de choses était l'opprobre de l'Europe, et les puissances européennes en étaient arrivées à payer un honteux
tribut au dey en argent ou en nature. Et quand je dis en
nature, je veux dire en munitions de guerre, en gréements
de navires, que les Barbaresques employaient pour faire de
nouveaux captifs et exercer de nouveaux pillages; ce tribut
était destiné à assurer la libre circulation sur la mer Méditerranée et même sur l'Océan !

Combien de consuls européens ont été retenus prisonniers
à Alger, ont été torturés, tués, mis à la gueule des canons,
envoyés comme boulets aux navires européens venus pour
assiéger ce nid de pirates ! Parmi les personnages illustres enle-
vés par les Barbaresques, on pourrait citer, outre des savants
envoyés en mission, *Michel Cervantès*, l'auteur immortel de don
Quichotte, qui fut pris en revenant de Naples en Espagne et
resta cinq ans prisonnier à Alger, de 1575 à 1580; puis *Saint
Vincent-de-Paul* qui convertit son maître, dans la première
moitié du xviie siècle. *Régnard*, notre gai poète comique pari-
sien, fut enlevé par des corsaires d'Alger et envoyé à Constantinople où il resta deux ans. Il fut racheté moyennant une
rançon de 12.000 livres, sans avoir été très malheureux pendant sa captivité, parce qu'il savait faire la cuisine et se ména-
geait ainsi les bonnes grâces de son maître. Enfin, *François
Arago* était occupé, en 1809, à des travaux géodésiques, lorsqu'il

fut retenu comme otage. Il ne fut rendu à la liberté qu'à prix
d'argent.

En 1827, la patience de la France, qui se fit alors le cham- Le
pion de l'Europe et de la civilisation toute entière, fut mise pavillon du
à bout par le fameux coup d'éventail donné par le dey au con- coup
sul de France, *M. Deval*... Voici le pavillon en bois dit *du* d'éventail à
coup d'éventail, où le dey se livra à cette voie de fait sur notre Alger.
consul. Il est au sommet de l'ancienne *Kasbah* ou citadelle
d'Alger dans laquelle habitait le dey. Il avait si peu de confiance
dans ses sujets qu'il était obligé de séjourner dans une véritable forteresse. Enfin, le 5 juillet 1830, nous sommes entrés
à Alger.

Il faut lire le tableau de la situation actuelle de l'Algérie
dans le remarquable rapport, qui est un véritable monument,
que M. Burdeau a déposé en novembre 1891 sur le budget de
l'Algérie de 1892.

Actuellement, la population totale de l'Algérie est de 4.126.000
habitants qui se décomposent ainsi : 3.560.000 indigènes,
272.000 Français, 47.000 Israélites et 219.000 étrangers, soit
un Européen pour sept indigènes.

En 1878, pour vous donner une idée du développement de
certaines productions du pays, il y avait 17.000 hectares de
vignes ; en 1891, on en comptait 150.000.

Nous avons enfoui en Algérie des sommes colossales. Depuis
la conquête jusqu'au 31 décembre 1890, la France n'a pas
dépensé moins de 3.902.000.000 francs en comprenant les
dépenses militaires et les dépenses de garantie pour les chemins
de fer. Encore aujourd'hui, le budget de l'Algérie ne s'équi-
libre que grâce à une somme de 70 à 80 millions fournie
chaque année par la Métropole. Que d'essais infructueux ont été
faits, souvent en pure perte dans le pays, pour le coloniser ! que
de fautes ont été commises !

Vous savez qu'il y a en Algérie des colons étrangers en

nombre presque égal au nombre des Français. Ces colons com-
prennent des Espagnols ; des Mahonais originaires de Minorque,
la petite île Baléare, dont Mahon ou Port-Mahon est la capitale ;
des Italiens et des Maltais.

Nous rencontrons les plus grandes difficultés pour assimiler
les indigènes. Il y a des différences de race et de religion si
profondes entre eux et les Européens que cela n'est pas surprenant.

Parmi les indigènes, il faut distinguer les *Arabes, les
Berbères et les Koulouglis*. Les *Arabes* proprement dits, les
descendants des envahisseurs du viie et du xie siècle sont peu
nombreux ; ils sont nomades, enclins au pillage, paresseux,
fiers et n'ont pas le travail en honneur. C'est une race belli-
queuse, chevaleresque, mais c'est une race qui vit sous la
tente, se montre opposée au commerce, à la civilisation, et est
imbue de ses idées religieuses jusqu'au fanatisme.

Le Berbère, ce descendant de la race autochtone dont Salluste
a parlé et que nous avons vu subsister à travers toutes les invasions successives, est au contraire sédentaire ; il ne campe pas,
il élève des maisons et il y demeure. Il est plus facilement
assimilable que l'Arabe, apprécie mieux notre civilisation
parce qu'il est laborieux et n'est pas fanatique ; il en a quel-
quefois les apparences, mais au fond il est à peine religieux.

Quant aux *Koulouglis* (on désigne ainsi les fils de Turcs et
d'anciennes esclaves européennes), c'est une race au teint
blanc qui a dominé le pays, mais qui est aujourd'hui déprimée,
détestée des autres indigènes : elle se rapproche volontiers de
nous et est plus assimilable que les deux autres.

Il y a aussi des *Israélites*. Je puis m'exprimer très libre-
ment à leur égard, parce que les Juifs algériens ne ressemblent en rien à ceux de France. Il n'y a pas de distinction
sérieuse à établir entre les Juifs français et les autres Français : en Algérie, il n'en est pas de même du tout.

Vous savez que les *Israélites* algériens ont été naturalisés en bloc il y a vingt-deux ans, et que cela a profondément indisposé les Arabes qui ne les aiment pas et ont même un profond mépris pour eux. Les Juifs algériens ont-ils fait tout ce qu'ils auraient pu, tout ce qu'ils auraient dû faire pour mériter cet honneur de la naturalisation? Oui sans doute, en ce qui concerne un certain nombre d'entre eux; mais, pour la majorité, je me permets d'en douter. Ils sont demeurés *sémites*, ils continuent à vivre dans la société de l'Arabe, à en parler la langue et à en porter le costume, ou tout au moins un costume voisin de celui de l'indigène. Cela, comme vous le voyez, le rapproche assez peu de l'Européen. On se l'explique aisément, car le Juif fait ainsi plus facilement ses affaires, notamment celles de prêts d'argent et d'usure dont se plaignent si fort les indigènes, et à juste titre.

Les productions du pays sont nombreuses et variées : Je ne veux même pas les indiquer, parce que l'heure me presse. Permettez-moi seulement de vous dire que l'Algérie est un pays sillonné par des routes excellentes, où il y a de nombreuses lignes de chemins de fer, ainsi que vous pouvez le voir sur la carte que vous avez sous les yeux, et des services de diligences publiques très bien installés. On y jouit d'une sécurité parfaite qui pourrait servir de modèle à bien des contrées européennes.

Dans *le Tell*, la terre est très fertile. Je vous ai dit qu'au début de la colonisation, alors que les terres n'étaient pas cultivées, il y avait beaucoup de fièvres; mais depuis cette époque la culture a rendu le pays beacoup plus sain.

De toutes les colonies possédées par des puissances européennes, l'Algérie est une des plus riches; c'est la plus voisine de sa métropole et une de celles où le climat est le plus salubre.

Voici Alger. Deux mots seulement pour vous rappeler quelle est l'origine de son nom. *El Djezaïr* s'appelle Alger comme *Baba-Aroudj* s'appelle Barberousse. De *El Djezaïr*, qui veut dire : *les îlots*, nous avons fait Alger. C'est qu'en effet, jusqu'au XVIᵉ siècle, c'est-à-dire jusqu'à l'époque de la conquête du pays par Barberousse et son frère Kheir-ed-Dyn, il y avait devant Alger des îlots : c'est Kheir-ed-Dyn qui les a reliés à la terre ferme par ce môle. La vue est prise des anciens îlots qui ont donné leur nom à Alger. La ville est en amphithéâtre, tout le monde la connaît. Le site est enchanteur, les environs sont charmants. Alger a une population de 72.000 habitants.

Deux mots sur *Oran*. Depuis vingt-deux ans que j'y étais venu pour la première fois, elle s'est extrêmement développée : elle a aujourd'hui 71.000 habitants. Les Espagnols y sont en majorité. Les environs d'Oran n'ont pas le charme des environs d'Alger ; son sol est granitique et dépouillé d'arbres.

Voici *Constantine*. Cette province, contrairement à celle d'Oran, est très verte. Elle est boisée comme certaines parties de la France : la ville renferme environ 44.000 habitants et est entourée en partie par une gorge au fond de laquelle coule *le Rummel.* Sur cette gorge on a jeté un pont en fer pour remplacer un pont romain : on y jouit d'une vue *romantique* comme diraient les Anglais. Au dessus de la gorge du Rummel qui n'a pas moins de 100 mètres de profondeur, vous voyez planer les vautours et les corbeaux qui se nourrissent des déjections qu'ils reçoivent de la ville : c'est eux qui font le service de la voierie, sans aucune rétribution.

Continuons à descendre dans la province de Constantine. Voici *El Kantara* : c'est ce que les Arabes appellent *Foum Es Sahara* ou la *Bouche du Désert*, dénomination très juste, car quand vous avez franchi cette gorge, vous arrivez à une oasis au delà de laquelle commence immédiatement le désert.

Les personnes qui sont allées à El-Kantara peuvent reconnaître l'ancien pont romain qui a été assez maladroitement restauré par le Génie militaire. Ce pont a donné son nom à la ville, car *El-Kantara* est un mot arabe qui veut dire *le pont*. Cet endroit était occupé par un détachement de cavaliers romains dépendant de la *troisième légion Augusta* dont le quartier général était, vous le savez, à Lambèse, à une quarantaine de kilomètres au nord. El-Kantara a remplacé le *Calceus Herculis* (*talon d'Hercule*) des Romains. J'ai déposé au Musée du Louvre une inscription trouvée dans le pays qui nous donne le nom d'un des commandants de ce détachement, de cet escadron (*Numerus*) de cavaliers. Il est même assez curieux de constater que ces cavaliers cantonnés à l'entrée du désert africain étaient des *Palmyréniens*, c'est-à-dire des hommes recrutés par les Romains dans le désert de la Syrie, là où se trouvent encore aujourd'hui les ruines de Palmyre, à cinq ou six jours de marche à l'est de Damas.

Vue de la gorge d'El-Kantara prise du Nord.

À 20 kilomètres plus bas qu'El-Kantara on arrive à *l'oasis de Biskra*, aujourd'hui très fréquentée : c'est une station hivernale de 4.000 habitants.

Cette photographie vous montre El-Kantara vu du sud.
Voici une partie de l'oasis de Biskra.

El-Kantara. Une partie de l'Oasis de Biskra.

Notre domination ne s'arrête pas là : je vous rappelle qu'elle s'étend jusqu'à *Ouargla*, à 370 kilomètres au sud de Biskra, et même jusqu'à *El-Goléah*, à 250 kilomètres de Ouargla et par conséquent à 620 kilomètres de Biskra. El-Goléah est le point le plus méridional que nous occupions actuellement en Algérie : il est à 945 kilomètres de la mer.

Dans la province d'Oran, nous n'allons que jusqu'à 450 kilomètres au sud de la Méditerranée, à *Aïn-Sefra*, mais Aïn-Sefra est reliée au port d'*Arzeu* par une ligne de chemin de fer intéressante à parcourir. Elle traverse *le Tell* et s'élève sur les *Hauts-Plateaux* jusqu'à la limite du désert. Aïn-Sefra n'est qu'à 90 kilomètres de la grande oasis marocaine de *Figuig*.

Les Gour dans la province d'Oran. Voici qui vous donnera une idée du désert dans la province d'Oran : c'est ce qu'on appelle *les Gour*. Ces Gour ne sont rien autre chose que des blocs d'alluvion rougeâtres qui ont résisté à l'action des eaux à une époque où le Sahara était un pays humide et fortement arrosé : c'est ce qu'on appelle en géologie *des témoins*, c'est-à-dire des terrains qui attestent jusqu'à quelle hauteur s'élevait le sol qui a été raviné depuis par les eaux et par les vents.

En résumé, nous ne pouvons espérer trouver en Algérie la rémunération des capitaux qui y ont été enfouis par la métropole, mais l'Algérie fait un commerce important avec la France, ses sources de production sont nombreuses, riches, variées, et je ne puis mieux faire que de vous lire quatre lignes écrites par un Allemand qui n'est pas le premier venu : c'est *M. Gerhard Rholfs*, le grand explorateur qui a pénétré dans le centre de l'Afrique et qui, dans sa jeunesse, a servi comme soldat en Algérie dans la légion étrangère. Il a publié cela dans un organe de géographie fort sérieux et fort savant *les Mittheilungen de Petermann*, au t. XXII, p. 250.

« Quiconque dit-il, a pu voir comme moi les prodigieux tra-
« vaux exécutés par les Français en Algérie, n'éprouvera qu'un
« sentiment de pitié pour ceux qui, en présence de ces œuvres
« admirables, oseraient encore prétendre que les Français ne
« savent pas coloniser. »

Je tiens à terminer sur ces paroles qui émanent d'un étranger qui ne peut être considéré comme un ami de la France, et je puis ajouter que ce témoignage est confirmé par celui d'autres étrangers, notamment par *M. de Tchiatcheff*, un Russe, et *M. Grant Allen*, un Anglais.   (Vifs applaudissements.)

II

LA TUNISIE A TRAVERS LES AGES

CONFÉRENCE

FAITE A LA SÉANCE GÉNÉRALE DE LA SOCIÉTÉ DU CLUB ALPIN FRANÇAIS
DU 27 DÉCEMBRE 1892

CLUB ALPIN FRANÇAIS

Séance du 27 décembre 1892

*Présidence de M. Ernest CARON, Vice-Président
de la Société*

LA TUNISIE A TRAVERS LES AGES

—⟶∞⟵—

SOMMAIRE

MESSIEURS,

Je serais bien embarrassé s'il me fallait justifier l'honneur
que m'a fait la Direction centrale du Clup alpin en me char-
geant de venir vous entretenir de la Tunisie, pays de plaines,
sans cimes neigeuses, que tout le monde a visité ou qui est
connu par d'abondantes lectures.

J'aurais aimé tout comme un autre à vous parler de la montagne ; mais j'avoue que ce plaisir n'aurait pas été pour moi
sans une certaine amertume. Je compte, en effet, au nombre
de mes plus nobles jouissances celles que m'ont données les
quelques ascensions que j'ai faites, et notamment celles que
j'ai éprouvées le jour où, par un temps magnifique, sous un

ciel d'une pureté admirable, je suis parvenu au sommet du Mont Blanc. Rien n'est beau comme l'impression causée par les grandes montagnes, et je ressens aussi vivement que qui que ce soit la poésie des hautes cimes. Aussi vous comprenez la vivacité de mes regrets le jour où j'ai dû dire adieu subitement à toute espèce d'ascension. Depuis ce moment je ne suis jamais retourné dans les pays alpestres où je serais désormais obligé de rester dans le fond des vallées.

Mais, si je serais mal qualifié pour vous parler de l'alpinisme, si la Tunisie est un pays généralement plat et presque banal à force d'avoir été visité, quelque chose cependant le recommande à votre attention.

Le protectorat que nous exerçons en Tunisie a ouvert un vaste champ à notre activité nationale.

Ce pays a été le théâtre de grands évènements accomplis pas des hommes illustres. Il a connu une prospérité que notre protectorat lui rendra peut-être, et c'est en étudiant son passé que nous pourrons le mieux préparer son avenir, car nous apprendrons ainsi à imiter ce que nos devanciers ont fait de bien et ce en quoi ils ont réussi.

Enfin, la Tunisie offre des ruines importantes de monuments élevés par deux grandes civilisations : la civilisation romaine et la civilisation arabe.

En vous parlant de toutes ces choses, un autre que moi pourrait, à défaut de vos corps, transporter vos esprits sur des hauteurs, ce qui serait une sorte *d'alpinisme intellectuel*, mais je suis incapable de remplir un tel programme ; je puis seulement essayer d'évoquer devant vous le passé, en jetant un coup d'œil rapide sur la suite des destinées de cette contrée privilégiée et, chemin faisant, je vous montrerai les plus importants monuments qu'on rencontre sur son sol.

En ce qui touche Tripoli et Malte par où nous finirons, comme ce ne sont pas des terres françaises, comme les souvenirs y sont moins grandioses que ceux de la Tunisie, comme les monuments y sont moins nombreux et moins importants, je me bornerai à suivre l'itinéraire du touriste et à vous montrer l'aspect du pays.

Nous ne parlerons pas des premiers établissements qui ont été fondés par les Phéniciens sur la côte d'Afrique une quinzaine de siècles avant Jésus-Christ, et arriverons de suite... *au Déluge*, je veux dire à la fondation de Carthage, au IXe siècle avant notre ère.

L'histoire ne peut pas lutter avec la légende poétique qui entoure la création de cette ville. Vous savez que Virgile a raconté comment *la Phénicienne Didon*, fuyant *Sidon* sa patrie pour échapper à la haine de son frère qui avait fait périr son époux, aborda en Afrique, fonda Carthage et y reçut *Enée* qui, en réalité, avait vécu trois ou quatre siècles avant elle. Au printemps dernier, nous avons admiré, en écoutant *Les Troyens*, avec quel charme Berlioz a chanté cette touchante histoire qu'il serait cependant imprudent de soumettre aux règles rigoureuses de la critique historique.

Nous possédons quelques rares monuments remontant à peu près à la fondation de Carthage.

PROJECTION[1]. — Voici la photographie de deux tombeaux creusés dans le roc, de style phénicien primitif. Ils ont été trouvés récemment par le R. P. Delattre dans le sol de *Byrsa*, l'ancienne acropole ou citadelle de Carthage, qui fut d'abord une nécropole. Ces deux tombes remontent vraisemblablement au VIIe ou au VIIIe siècle avant J.-C. Elles ont quelque analogie avec des tombes égyptiennes de la même époque.

Deux tombeaux Carthaginois de style primitif.

La Tunisie a joué un rôle dans l'histoire longtemps avant qu'il y fût question des contrées voisines, je veux parler de la Numidie et de la Maurétanie, qui sont aujourd'hui l'Algérie,

---

1. Cette conférence était acccompagnée de projections à la lumière oxhydrique. On trouvera en marge l'indication des photographies qui ont été projetées.

et qui n'ont commencé à faire parler d'elles qu'au moment de la seconde guerre punique, au III° siècle avant J.-C.

Rassurez-vous, je ne vous raconterai pas les guerres entre Rome et Carthage, ni la lutte épique entre Annibal et Scipion ; je ne veux pas réveiller d'anciens souvenirs classiques : ce serait vous ramener sur les bancs du collège et tout le monde ne regrette pas le temps qu'il y a passé.

Les anciens ports de Carthage.
Je préfère vous montrer ce qui reste des ports antiques de Carthage. En voyant ces petits lacs creusés par la main des hommes, qui furent le port de commerce et le port de guerre de l'ancienne Métropole, on a peine à se retracer les scènes atroces qui ont accompagné le siège et la prise de la ville par Scipion l'Africain. Il faut lire le récit de ce siège dans *Appien*, pour animer ces lieux, pour y revoir la défense désespérée de la population d'une grande ville luttant pied à pied, maison par maison, et n'abandonnant celle où elle s'était retranchée qu'au moment où elle allait être dévorée par l'incendie. Puis il faut suivre les femmes, les enfants, les vieillards, se retirant dans les temples situés sur l'acropole de Carthage avec la femme d'Asdrubal, le général carthaginois qui avait sauvé sa vie par une honteuse capitulation ; il faut se représenter enfin cette dernière se jetant avec ses enfants dans les flammes du bûcher qu'elle avait elle-même allumé.

La *Delenda Carthago* de Caton l'Ancien avait été si bien exécutée qu'il ne reste rien de la Carthage punique. Elle fut ainsi détruite en l'an 146 avant J.-C. et le pays converti en province romaine.

La Société de géographie de Paris avait fait dresser, pour accompagner une communication que j'ai eu l'honneur de lui faire sur l'Algérie au début de ce mois, les deux cartes murales que vous voyez. Elles représentent le nord de l'Afrique à l'époque romaine et les mêmes contrées à l'époque actuelle[1].

1. Voyez les deux cartes à la fin de cette brochure.

Ces cartes montrent quelles sont les différentes divisions du pays selon qu'on le considère au premier siècle de l'ère chrétienne ou à la fin du xix° siècle. Elles montrent aussi les noms divers qui ont été donnés aux différentes régions. Ainsi vous y voyez que la Tunisie correspond à la *Province romaine proconsulaire d'Afrique*; le département de Constantine à la *province de Numidie*; et les départements d'Alger et d'Oran à la *province de la Maurétanie césarienne*; pendant que la partie du Maroc, qui a été colonisée par les Romains, formait la *province de la Maurétanie tingitane*, du nom de sa capitale *Tingis*, la moderne Tanger.

La province proconsulaire d'Afrique, la seule qui nous occupera ce soir et que nous indiquerons simplement sous le nom de Province d'Afrique, était ainsi appelée parce qu'elle était gouvernée par un *proconsul*, c'est-à-dire par un fonctionnaire qui avait été consul. Elle comprenait le territoire propre de Carthage qui eut d'abord pour capitale, non pas la ville de ce nom dont il ne resta rien après la troisième guerre punique, mais *Utique*, une ville située un peu au nord de Carthage. C'est à Utique que résida pendant longtemps le proconsul.

Au sud se trouvait la région appelée la *Zeugitane* ayant pour ville principale *Zaghouan*, et la *Byzacène* qui avait pour capitale une ville plus ancienne que Carthage, *Hadrumète* qu'a remplacée la ville moderne de *Sousse*.

Parmi les villes principales de la province d'Afrique, signalons *Hippo-Diarrhytus* qui est aujourd'hui *Bizerte*; *Vaga* aujourd'hui *Béja*; *Sicca-Veneria* qui correspondait au *Kef*; *Capsa* qu'a remplacée notre poste militaire actuel de *Gafsa*, et *Tacapae* qui est devenue *Gabès*.

Carthage ne tarda pas à se relever de ses ruines. Vingt-cinq ans après sa destruction, le célèbre tribun *Caïus Gracchus* y conduisit un groupe de citoyens romains qui y fondèrent une colonie.

C'est dans la province d'Afrique que se termina la lutte
entre César et le parti de Pompée, dans le voisinage de la ville
de *Thapsus*, au sud de Sousse. César y détruisit l'armée que
les partisans de Pompée avaient réunie après l'assassinat de
leur chef par le roi d'Egypte.

Après la victoire remportée par César à Thapsus, Juba Ier
roi de Numidie, qui avait fort bien accueilli les partisans de
Pompée et qui savait qu'il ne pouvait attendre aucune pitié du
vainqueur, se fit égorger par un de ses soldats pour ne pas
tomber vivant entre les mains de César. Au même moment,
Caton se poignardait à Utique, préférant, comme l'a dit le poète,
la cause des vaincus à celle que les dieux avaient favorisée :

« *Victrix causa Diis placuit sed victa Catoni.* »

La Carthage romaine relevée par Caïus Gracchus, puis par
César et par Auguste, atteignit sous les premiers empereurs
romains un degré de puissance considérable. Elle compta
plusieurs centaines de mille habitants et fut avec Alexandrie la plus grande ville d'Afrique. Le pays était alors très
riche et cinq à six fois plus peuplé qu'il ne l'est aujourd'hui.

Il y a environ 1.500.000 habitants en Tunisie, alors qu'il
y en avait probablement plus de six millions pendant les premiers siècles de l'ère chrétienne.

L'Egypte et la province d'Afrique étaient appelées par les
Romains les *provinces frumentaires* parce qu'elles fournis-
saient le froment nécessaire à l'Italie pour sa subsistance :
aussi, chaque année attendait-on à Rome avec une anxiété
facile à comprendre, l'arrivée de la flotte qui apportait dans
le port d'Ostie, à l'embouchure du Tibre, les blés de ces deux
provinces. Des prières publiques étaient ordonnées pour
l'heureuse arrivée de ces chargements, car si la tempête les
avait engloutis, le Peuple-Roi aurait été menacé de la famine
et les Empereurs auraient tremblé sur leur trône.

Le province d'Afrique a connu sa plus grande prospérité

sous les empereurs africains, c'est-à-dire sous Septime Sévère, Caracalla et les Gordien, au iiie siècle de notre ère. A cette époque, il y avait à Carthage des écoles célèbres, d'où sont sortis *Apulée*, l'illustre auteur du roman de l'*Ane d'or*, dans lequel on trouve ce délicieux épisode de l'Amour et Psyché qui a été depuis célébré par tous les arts, et qui rappelle les plus grands noms de la littérature, de la peinture et de la musique, depuis Raphaël jusqu'à Corneille, Molière, La Fontaine, et parmi les contemporains, M. Ambroise Thomas et bien d'autres.

Des écoles de Carthage sont également sortis *Tertullien*, ce fougueux docteur de l'Eglise; *saint Cyprien*, qui fut évêque de Carthage et martyr; *saint Augustin*, né à *Tagaste*, qui fut évêque *d'Hippone*. Ces deux dernières villes sont dans l'ancienne province de Numidie, aujourd'hui le département de Constantine, mais la province d'Afrique peut revendiquer saint Augustin parce qu'il professa la rhétorique à Carthage.

Un chiffre montrera combien ces contrées étaient plus peuplées à cette époque qu'aujourd'hui. Des documents relatifs à des conciles qui se sont tenus à Carthage aux ive et ve siècles nous apprennent qu'on comptait alors 650 évêques dans l'Afrique du Nord, entre Tripoli et Tanger.

Il reste en Tunisie de nombreuses ruines des monuments et des édifices construits à l'époque romaine. Pour trouver des ruines romaines plus importantes, sinon plus nombreuses que celles qu'on rencontre en Tunisie, il faut aller en *Syrie*, dans le *Hauran* ou désert de Syrie et dans l'*Arabie Pétrée*. C'est là qu'on voit les ruines de *Palmyre*, de *Baalbeck*, de *Djerask*, de *Bosra*, de *Kamarat* et de *Pétra*. Notez qu'elles se trouvent dans des contrées qui sont aujourd'hui revenues à la barbarie et ne sont plus traversées que par des tribus nomades auxquelles l'étranger est obligé de payer un droit de passage pour éviter d'être pillé.

La présence de ces ruines immenses dans un pays aujourd'hui presque désert a besoin d'être expliquée : elle tient au système d'occupation militaire des Romains et à leur mode d'administration. Tous ces monuments remontent au deuxième, surtout au troisième et un peu au quatrième siècle de l'ère chrétienne : ils ont été élevés de l'an 150 à l'an 330 et datent de l'époque où l'empire romain avait son plus vaste développement et où il commençait à être harcelé par les barbares ; aussi les Romains avaient-ils placé leurs troupes sur leurs lignes de frontières que leur armée tout entière était occupée à garder. Il n'y avait pas de garnisons dans l'intérieur de l'empire.

Les plus grands personnages de Rome, les sénateurs, les premiers fonctionnaires, les consuls sortant de charge, étaient envoyés pour gouverner ces provinces lointaines, par exemple dans l'*Arabie Pétrée*. On a trouvé à *Pétra*, capitale de cette contrée où l'on ne saurait aller aujourd'hui sans danger, des inscriptions constatant que la province a été gouvernée par des anciens consuls. Ces puissants fonctionnaires employaient leur temps à construire les monuments magnifiques dont la masse nous étonne.

Mais, revenons à la Tunisie : je vais vous montrer quelques-unes des ruines romaines qu'on y rencontre.

Temple de Dougga.

Voici le *temple de Dougga*, une petite ville qui se trouve au Nord-est du *Kef*. Ce temple est un des plus anciens monuments romains en Afrique ; il remonte peut-être au 1er siècle de notre ère. Dans le fronton était représentée l'*Apothéose d'Auguste*.

Nymphaeum ou Temple des Eaux à Zaghouan.

Ceci est un *Nymphaeum*, espèce de monument qui demande une courte explication. Les villes romaines, vous le savez, étaient pourvues d'eau en abondance, ce qui explique leur salubrité. Les Romains nous ont donné là des exemples que nous ferions très bien de suivre. Voici un de leurs plus grands travaux de prise d'eau : c'est le *Temple des eaux* ou *Nymphaeum de Zaghouan*. Il est construit au pied d'une petite montagne de 1.340 mètres, l'une des plus hautes de la Tunisie et qui rattache ce pays à l'alpinisme : il recevait l'eau des sources qui en découlent. Il fut élevé par l'*empereur Adrien* au IIe siècle de notre ère. Les sources ainsi captées étaient conduites par des aqueducs que nous verrons tout à l'heure jusqu'à Carthage, située à 46 kilomètres de là.

Cette vue représente une autre partie du même monument. C'est le bassin de réception des eaux de la source de Zaghouan : il est encore utilisé aujourd'hui, car cette source, jointe à deux ou trois autres, continue à approvisionner Tunis et ses environs.

Bassin de réception des sources de Zaghouan.

Voici quelques-uns des arcs de *l'aqueduc d'Adrien* : ils se trouvent au milieu de la plaine entre Zaghouan et Carthage. Je n'ai pas besoin de vous dire que l'effet de ces arcs en rase campagne est véritablement saisissant. Si les Romains avaient connu le siphon, dont l'usage est aujourd'hui journalier, ils n'auraient pas eu besoin d'élever ces grandes constructions. Actuellement l'eau de la source de Zaghouan, au lieu d'être transportée sur ces aqueducs, court souterrainement et, à l'aide de siphons, on rachète les différences de niveaux, tandis que dans l'antiquité, l'eau coulait suivant un plan incliné, ménagé par ces grands arcs depuis la source jusqu'aux citernes où elle venait séjourner.

L'Aqueduc d'Adrien.

Voici une des citernes de la Carthage romaine qui est encore aujourd'hui utilisée et qui reçoit une partie des eaux qui alimentent Tunis.

Intérieur d'une citerne.

Nous avons vu un temple, un nymphaeum et un aqueduc, nous allons voir maintenant *l'amphithéâtre d'El Djem*. Vous savez que ces vastes monuments servaient aux jeux du cirque, aux combats des gladiateurs et des bêtes féroces. Cet amphithéâtre était celui de la ville de *Thysdrus*, à 70 kilomètres au

Vue générale de l'Amphithéâtre d'El Djem.

sud d'*Hadrumète*. Gordien, général romain âgé de quatre-vingts ans, y fut nommé empereur par les légions qu'il commandait, en l'an 238 de notre ère. Deux mois plus tard, il se tua en apprenant que son fils avait péri en luttant contre un autre prétendant à l'empire.

Les dimensions de cet amphithéâtre sont considérables ; elles sont intermédiaires entre celles du *Colisée* de Rome et des *Arènes* de Nîmes. Le grand axe extérieur de l'amphithéâtre d'El Djem a 148 mètres de longueur ; celui du Colisée de Rome en a 187 et celui des Arènes de Nîmes 132. Il se compose de trois rangs d'arcades superposées et couronnées par un attique : Nîmes n'en a que deux. Cette ruine produit un effet saisissant quand, après avoir traversé un pays désert, on l'aperçoit tout à coup dominant un petit village arabe de deux mille âmes. Il n'a jamais été achevé.

Vue extérieure de l'Amphithéâtre.

Voici la partie extérieure la mieux conservée de ce monument : malheureusement des gourbis arabes élevés au pied masquent la première rangée d'arcs. Il serait bon de dégager la base et d'y faire des fouilles ; on découvrirait probablement des inscriptions et des morceaux de sculpture qui offriraient de l'intérêt.

Intérieur de l'Amphithéâtre.

Cette photographie nous montre l'intérieur de ce même amphithéâtre dont nous venons de voir l'extérieur. Il est en fort mauvais état. Je n'ai pas besoin de vous dire qu'il a vu une foule de sièges et de scènes de pillage.

Détail de deux travées.

Voici les détails de deux travées de cet amphithéâtre.

Voyons maintenant quelques mausolées romains.

Le tombeau des Jules à Maktar.

Ceci est le mausolée des *Jules* à *Maktar*, à moitié route entre le Kef et Kairouan, Il ressemble à un autre mausolée des Jules que nous possédons à *Saint-Rémy* en *Provence* ; mais ce dernier est plus beau que celui de Maktar, les sculptures en sont plus fines, il est d'une meilleure époque et est mieux conservé.

Ce tombeau est situé à *Haydra*, l'ancienne *Ammædara*, près de Tébessa, dans la province de Constantine, non loin de la frontière de la Tunisie. On y trouve également un arc de triomphe. Ce lieu n'est plus habité ; cependant, si l'on en juge par les ruines, il y a eu là une ville importante.

Mausolée à Haydra. Arc de triomphe d'Haydra.

Voici les trois temples de *Sbeitla*. Si vous y joignez un arc de triomphe de l'époque de Constantin, vous avez tout ce qui reste de l'ancienne *Suffetula* qui fut une grande ville à l'époque carthaginoise, puis à l'époque romaine, et qui devint même, à un moment, la capitale d'un vaste empire qui s'étendant de Tripoli à Tanger et dont le chef, le *patriarche Grégoire*, fut vaincu par les Arabes, en 647, au moment de leur première invasion.

Les trois temples de Sbeitla.

Je dois cette photographie et plusieurs autres à la complaisance de M. Henri Saladin, architecte, que je tiens à remercier ici. M. Saladin a recueilli ces photographies au cours d'une mission archéologique dont il fut chargé avec M. Cagnat, mission qui a abouti à des résultats importants.

Voici le mausolée d'*Henchir-Ez-Zaatli* de basse époque, probablement du IVe siècle : il n'est pas beau, comme vous le voyez ; il s'élève dans un lieu qui est aujourd'hui complètement désert.

Mausolée d'Henchir-Ez-Zaatli.

D'après les inscriptions trouvées sur les tombeaux romains, la vie humaine était fort longue en Afrique à cette époque. Il y avait quantité d'octogénaires et pas mal de centenaires qui ont parfois vécu jusqu'à 110 ans et plus.

Non seulement les villes étaient bien arrosées, mais la campagne l'était également. Les Romains savaient très bien aménager l'eau qu'ils n'abandonnaient à son courant qu'après lui avoir fait fructifier le plus large espace de terrain possible.

Voici les restes d'un *barrage romain* : c'est un gros mur en briques en forme d'arc de cercle destiné à retenir les eaux qui ne s'écoulaient qu'après avoir séjourné et circulé dans les champs qu'elles devaient féconder.

Restes d'un barrage Romain.

Les nombreuses antiquités romaines qui ont été recueillies dans la province d'Afrique ont permis de former à la porte de Tunis le *Musée du Bardo*, dans un palais du Bey, qui est un ancien harem. C'est le plus beau musée de l'Afrique du Nord : il fait le plus grand honneur à M. René de la Blanchère qu'on peut considérer comme son principal organisateur.

Voici la salle principale du musée du Bardo, toute pleine de précieuses antiquités. Le parquet est couvert d'une grande mosaïque découverte dans une villa romaine, à *Sousse*, l'ancienne Hadrumète, par des officiers du 4ᵉ régiment de tirailleurs indigènes. Cette mosaïque représente le cortège de Neptune entouré de naïades, divisé en une foule de médaillons : elle couvre une surface qui n'a pas moins de 140 mètres carrés.

Après avoir vu quelques monuments isolés, nous allons parcourir quelques-unes des villes qui ont joué un rôle historique à l'époque romaine.

Voici la moderne Béja, dans le voisinage de Tunis. C'est la *Vaga* ou *Vacca* des historiens anciens. Elle est, comme toutes les villes de ce pays, couronnée par une *Kasbah* ou forteresse qui contient une vaste salle construite à l'époque byzantine. Salluste dit que de nombreux commerçants italiens étaient installés dans cette ville à l'époque de la guerre de Jugurtha, qui fit massacrer en un seul jour toute la garnison et tous les colons romains. Ce fut une journée comme celle des *Vêpres siciliennes* : le général romain Metellus en tira, quelque temps après, une cruelle vengeance : cela se passa 100 ans avant J.-C. Il doit exister dans le sol de Béja d'importantes ruines romaines mais, elles sont couvertes par les constructions arabes, et pour les rencontrer, il faudrait fouiller à une profondeur de 3 à 4 mètres.

Le poste militaire de Gafsa remplace l'ancienne *Capsa*, à 200 kilomètres au sud-ouest de Kairouan. C'était une ville importante, même avant la domination romaine. Salluste raconte que Marius la surprit par une marche forcée qu'il avait su habilement dissimuler et la livra au pillage de ses soldats.

Voici la ville du *Kef*, mot qui veut dire en arabe *le rocher* : elle s'étend en effet le long d'une paroi rocheuse couronnée par une kasbah où un bataillon d'infanterie d'Afrique tient aujourd'hui garnison. C'est la *Sicca Veneria* des Romains qui fut, à l'époque carthaginoise, une grande ville où *Tanit*, la Vénus phénicienne, était servie par des prêtresses impures. D'après le témoignage de Polybe, c'est là que les Carthaginois reléguèrent leurs soldats mercenaires qui s'étaient révoltés après la première guerre punique. Gustave Flaubert a tiré du texte de Polybe un des plus saisissants chapitres de son beau roman de *Salammbô*, et M. Reyer a trouvé des accents musicaux qui font de la *déesse Tanit* une sorte de fatalité qui pèse sur le sort de Carthage.

Nous en avons fini avec l'époque romaine : passons vivement sur l'invasion des Vandales au vᵉ siècle de notre ère et sur la conquête du pays entreprise au vıᵉ siècle par Bélisaire et par Solomon, les généraux de Justinien empereur de Constantinople.

Nous avons hâte d'arriver aux Arabes. Pendant le 1ᵉʳ siècle de l'hégire (qui commence en 622 le jour où Mahomet s'enfuit de La Mecque pour aller à Médine), de l'an 647 à l'an 670, les Arabes ont conquis toute l'Afrique du Nord, depuis la mer Rouge jusqu'à Tanger, sous la conduite du général Sidi-Okba. Enflammé par l'enthousiasme religieux qui saisit les Arabes au lendemain de la mort du Prophète et aussi par la soif du pillage dans des contrées qui étaient encore riches et puissantes, Sidi-Okba voulut placer la capitale de l'empire qu'il venait de conquérir à peu près au milieu des terres qu'il avait soumises : c'est ainsi qu'il fonda Kairouan.

Mais Sidi-Okba ne voulut pas d'un sol qui eût été précédemment habité : il dédaigna de continuer l'existence d'une des nombreuses villes romaines qui couvraient encore la contrée ; il lui fallait une capitale toute neuve, élevée sur un sol vierge. Suivant la légende arabe, étant arrivé dans une grande plaine couverte de ronces et d'épines et habitée par des serpents et des bêtes malfaisantes de toute nature, il se tourna aux quatre points cardinaux et, au nom du prophète, il les somma de quitter la place dans les vingt-quatre heures. Aussitôt on vit serpents, crapauds, reptiles de toute nature s'acheminer vers le désert. On coupa les ronces, les épines, et à la place, Kairouan s'éleva. Sidi-Okba fonda en même temps une mosquée qui porte son nom et qui a fait de Kairouan une ville sainte, qui ne peut rivaliser avec La Mecque et Médine, mais que les Mahométans mettent sur le même rang que Jérusalem et quelques autres cités privilégiées.

Mais, pour construire sa mosquée, Sidi-Okba ne fut pas aussi difficile que pour fonder la ville : il n'hésita pas à se servir des magnifiques matériaux employés par les Romains et dont il dépouilla notamment Hadrumète qui était encore une grande ville.

Vue générale de Kairouan.

Kairouan se trouve à 160 kilomètres au sud de Tunis ; elle a aujourd'hui 14.500 habitants et les Arabes prétendent qu'elle en a eu 2 millions, mon guide disait même 2.400.000. Ce qu'il y a de certain, c'est qu'elle a compté plusieurs centaines de mille habitants. Vous jugerez de son importance au point de vue religieux quand vous saurez que Kairouan compte 91 *mosquées* et 97 *zaouïas* : les zaouïas sont de petites chapelles qui contiennent en général le tombeau d'un marabout. Cela fait donc 188 établissements religieux dans une ville de 14.500 habitants !

Elle a conservé à peu près intact son caractère arabe et il faut bien se garder de le lui faire perdre car, sous le prétexte de lui donner de l'air et de la salubrité qui ne lui manquent pas, on lui enlèverait, comme on l'a fait trop souvent en Algé-

rie, son cachet pittoresque qui ravit l'artiste et on remplace-
rait ses petites maisons pleines d'ombre, si bien appropriées
au soleil et au climat du pays, par de grandes constructions
banales, faites à l'instar de nos maisons de rapport et dans les-
quelles on ne saurait se mettre à l'abri de la lumière et de la
chaleur.

Voici l'intérieur de la *grande mosquée de Sidi-Okba*. Les
colonnes sont toutes antiques et couronnées par de très beaux
chapiteaux. Il est vrai que souvent ces chapiteaux ne s'ac-
cordent pas avec les fûts des colonnes mais, pris en soi, cha-
cun d'eux est fort élégant. Ce monument est un des plus précieux échantillonsdu style arabe primitif : il est sorti du sol
dans le premier élan de foi qui animait ce peuple, lequel est
avant tout et presque exclusivement dominé et dirigé par
des idées religieuses.

Intérieur
de la
grande
Mosquée
de Sidi
Okba.

Il n'est éclairé que d'un seul côté, il y règne par suite une
demi-obscurité qui est très favorable au recueillement : bref,
c'est une des plus magnifiques expressions artistiques du sentiment qui élève l'homme vers la divinité. Quant à moi, toutes
les fois que j'y suis entré, l'impression que j'ai éprouvée a été
profonde.

Le *Mihrab* est le sanctuaire en forme de petite abside qui,
dans chaque mosquée, est dirigé du côté de La Mecque, où
tout musulman doit se placer pour adresser ses prières ; le
Member est la chaire à prêcher. L'un et l'autre sont, dans la
grande mosquée de Kairouan, des œuvres d'art remarquables.
Les deux petites colonnes qui supportent l'arc du Mihrab
sont en marbre rouge veiné très précieux qui fut, dit-on,
un présent de l'empereur de Constantinople. L'archivolte de
l'arc du Mihrab est décorée avec des faïences mordorées à reflets
métalliques superbes, mais les imans ou prêtres musulmans
les ont barbouillées de plâtre, afin que le croyant ne fût pas
distrait par leur miroitement pendant ses prières.

Le Mihrab
et le
Member
de la
Mosquée
de Sidi
Okba.

Les monuments arabes sont si peu connus qu'il me paraît intéressant de comparer celui-ci avec les plus anciennes mosquées qui ont été construites sur le même plan.

Intérieur de la Mosquée d'Amrou au Caire. — La *mosquée d'Amrou* au Caire fut construite, comme celle de Kairouan, dans le premier siècle de l'hégire ; mais elle a été réédifiée au xiiᵉ ou au xiiiᵉ siècle sur son plan primitif. Elle est aussi supportée par des colonnes antiques, qui sont moins belles toutefois que celles de la mosquée de Kairouan.

Intérieur de la Mosquée de Cordoue. — La *mosquée de Cordoue*, élevée aux viiiᵉ et xiᵉ siècles, repose sur 920 colonnes ; il en manque à peu près 200 : de sorte qu'elle avait près de trois fois plus de colonnes que celle de Kairouan ; mais elles sont moins remarquables, et un petit nombre d'entre elles seulement sont antiques. Elles sont moins hautes aussi et les chapiteaux sont bien inférieurs à ceux de Kairouan.

Il faut toutefois observer que les deux arcs superposés, construits en pierre alternativement rouge et blanche, qui donnent au monument tant de solidité, sont d'un plus gracieux effet que les arcs simples de la mosquée de Kairouan qu'on a dû relier l'un à l'autre par des barres de fer.

Intérieur de la grande Mosquée de Damas. — Il serait difficile de comparer la *grande mosquée de Damas*, qui est cependant un très beau monument, avec celle de Kairouan, parce que la première est une ancienne basilique chrétienne élevée dans le siècle de Constantin, au ivᵉ siècle de notre ère, reposant sur des colonnes romaines gigantesques. Un petit édicule que vous voyez au premier plan contient la tête de saint Jean-Baptiste ; mais, comme pour beaucoup de reliques, celle-là a le privilège de se trouver dans plusieurs endroits à la fois. (Hilarité.)

Vue extérieure de la Mosquée de Sidi-Okba. — Revenons à la grande mosquée de Kairouan dont je veux vous présenter la vue extérieure dominée par un puissant minaret d'un grand effet. Du haut de ce minaret, on a une vue magnifique sur la plaine immense qui s'étend autour de la ville et souvent on y assiste à des phénomènes de mirage,

toujours intéressants pour des hommes habitant nos contrées
brumeuses. Ces phénomènes sont dûs aux rayons ardents du
soleil frappant la terre desséchée. Vous voyez des lacs, des
étangs, j'ai pu y contempler une petite oasis avec des palmiers
qui n'existaient que dans les ondes échauffées de l'atmosphère.

Opposons au minaret de Kairouan celui de la *grande mosquée de Tunis dite Ez Zeitouna* ou de l'olivier. Ces deux minarets sont du même style, bien que celui de Tunis soit plus lourd
et moins bien proportionné. En même temps que le minaret
de la grande mosquée, vous avez une vue générale de la ville
de Tunis, prise du haut de la Kasbah. Tunis est extrêmement
jolie avec ses petites rues tortueuses, ses bazars ou *Souks*, son
quartier juif et je crois être l'interprète de tous les amateurs
du pittoresque en demandant, comme je l'ai fait pour Kairouan,
qu'on ne touche pas à la ville arabe où il est si amusant de
se promener. Ce sera d'autant plus facile, que la ville euro-
péenne peut s'étendre du côté de la mer, dans ce qu'on appelle
le *quartier de la Marine*.

Quand nous nous sommes emparés de Kairouan en 1881, nos
soldats sont immédiatement entrés dans la grande mosquée
de *Sidi-Okba* et cette mosquée ayant été ainsi souillée par les
Roumis (c'est le nom que les Arabes donnent aux chrétiens),
les Musulmans ne l'ont plus eue en aussi haute estime qu'au-
paravant, si bien qu'aujourd'hui encore les Européens peuvent
la visiter avec l'autorisation du contrôleur français. Il n'en est
pas ainsi à Tunis où, sous prétexte de respecter la religion des
indigènes (et remarquez qu'ils nous rendent en mépris le respect
que nous manifestons ainsi pour leur religion), nous ne pouvons
entrer dans les mosquées. Cela est regrettable, car les artistes
et les archéologues ont intérêt à connaître l'intérieur de ces
monuments, tout au moins celui de la grande mosquée qui
repose, dit-on, sur des colonnes empruntées aux ruines de
Carthage. J'ai fait de vains efforts pour lever cette interdiction,

Vue
générale
de la
grande
Mosquée
de Tunis.

parce que j'étais à Tunis à l'époque du grand jeûne du *Rama-dan*, mais il faut espérer qu'elle ne tardera pas à disparaître.

Vue
extérieure
de la
Mosquée
des sabres
de
Kairouan.

Revenons à Kairouan. La *mosquée des Sabres* a cinq coupoles cannelées analogues à celles que l'on rencontre à Constantinople dans les premiers monuments byzantins qui ont précédé la construction de Sainte-Sophie. Ce style a été apporté en Tunisie par les Byzantins, qui ont possédé le pays pendant cent dix ans environ, et il s'y est conservé avec pureté.

Cette mosquée des sabres me rappelle une anecdote qui m'a été racontée par le directeur du grand domaine de la *Enfida*, qui ne compte pas moins de 120.000 hectares. La mosquée est ainsi nommée parce qu'elle contient des sabres énormes en bois et des métiers à tisser très grossiers, sur lesquels il y a des inscriptions arabes.

Or, au moment de l'expédition de 1881, un jour que le directeur de la *Enfida* se trouvait dans son domaine, situé à peu près à moitié route entre Tunis et Kairouan, on lui annonça la visite d'un chef arabe accompagné de quelques hommes. Il s'avança, et ce chef arabe venant au devant de lui, lui dit dans le plus pur français, qu'il était le fils d'un ancien ministre de Napoléon III, que je vous demande la permission de ne pas vous nommer; qu'il avait goûté à la vie monastique dans notre pays; qu'il avait été successivement Chartreux et Trappiste; que, n'ayant pas trouvé là l'idéal qu'il avait rêvé, il s'était fait Mahométan, et qu'il était alors *Iman*, c'est-à-dire desservant dans une mosquée de Kairouan.

Quelques temps après cette conversation, nos soldats sont entrés à Kairouan sans coup férir, et cela a été dû en grande partie aux inscriptions gravées sur les sabres et sur les métiers à tisser renfermés dans cette mosquée. Ces inscriptions annonçaient en effet que, dans un avenir prochain, la ville de Kairouan tomberait entre les mains des infidèles. Vous savez quelle est la force du fatalisme oriental. Du moment

qu'on avait trouvé dans un lieu saint des inscriptions disant
que les *Roumis* s'empareraient de Kairouan, il était absolument inutile de songer à résister : *c'était écrit*, il fallait s'in-
cliner et subir la domination étrangère que Dieu imposait
aux *croyants* pour les punir de leurs fautes.

Il est permis de supposer que le fils de l'ancien ministre
dont je parlais tout à l'heure n'a pas été tout à fait étranger à
la confection de ces inscriptions. Depuis ce temps, l'iman est
mort et il est enterré dans une petite mosquée, à une soixantaine
de kilomètres au sud de Kairouan : voilà comment le corps
d'un Français est aujourd'hui vénéré comme celui d'un marabout dans le Sud de la Tunisie.

Mais reprenons le cours des grands évènements qui se sont
accomplis dans ce pays.

En 1270, notre roi Louis IX ayant entrepris la croisade
contre le sultan de Tunis, débarqua à Carthage. D'après des
documents du temps, les ruines de cette cité étaient encore
très importantes à cette époque : l'amphithéâtre, dont il ne
reste aujourd'hui que des traces insignifiantes, était presque
entier. Le 25 août 1270, le roi mourut d'une maladie infec-
tieuse, le jour même où débarquait son frère Charles d'Anjou,
roi de Sicile, contre qui, douze ans plus tard, fut dirigé le
mouvement populaire des *Vêpres siciliennes*, dans lequel presque
tous les Français qui se trouvaient en Sicile furent massacrés.

Au palais des Archives nationales, nous possédons l'original
du traité qui intervint entre Philippe-le-Hardi, fils du saint roi,
et le sultan de Tunis. Aux termes de ce traité, les croisés
devaient se rembarquer après avoir reçu une indemnité de
guerre. C'était justice, car si la guerre n'avait pas été arrêtée
par la mort du roi, on peut penser que cette croisade
aurait mieux réussi que la première qu'il avait entreprise,
attendu que, dans presque tous les engagements qui avaient eu
lieu, les croisés avaient été vainqueurs.

En voyant saint Louis expirer sur les lieux où avait existé Carthage et où Charles-Quint fera plus tard sa belle expédition de 1535, ne dirait-on pas que ces lieux étaient en quelque sorte prédestinés à l'accomplissement de grands évènements ?

La Chapelle de saint Louis à Carthage.

En 1841, le Gouvernement français a fait édifier une chapelle sur le lieu où saint Louis est mort. A l'intérieur repose le corps de M. Mathieu de Lesseps, ancien consul général de France à Tunis et père de M. Ferdinand de Lesseps, qui a obtenu la concession du terrain sur lequel cette chapelle a été construite.

Au début du xvɪᵉ siècle, un pirate turc *Baba-Aroudj*, dont par une sorte de calembour nous avons fait *Barberousse* et qui était originaire de Mitylène, l'ancienne Lesbos, conquit l'Afrique du Nord depuis Tunis jusqu'à Tlemcen. Un peu embarrassé de sa conquête, il l'offrit au sultan de Constantinople ; c'est là l'origine du droit de suzeraineté que la Sublime Porte a pendant longtemps exercé sur ce pays.

Aqueduc espagnol à Tunis.

Pour réprimer les actes de piraterie des Barbaresques, Charles-Quint s'empara de Tunis en 1535 : les Espagnols construisirent alors cet aqueduc pour amener l'eau dans la ville.

On savait que les Arabes conservaient des armes comme une sorte de trophée dans l'intérieur de la grande mosquée de Kairouan, et on pensait que ces armes pouvaient avoir appartenu à des chevaliers compagnons de saint Louis ou à des soldats de l'armée de Charles-Quint.

Les armes conservées dans la grande Mosquée de Kairouan.

M. Monlezun, chef de bataillon du quatrième régiment de tirailleurs indigènes et commandant la place de Kairouan, m'a envoyé la photographie de ces armes. Il y a trois casques, des débris d'une arbalète et d'une cotte de mailles. Elles sont postérieures à saint Louis, postérieures même à l'expédition de Charles-Quint et sont de la dernière moitié du xvɪᵉ siècle. Elles furent portées par des combattants d'un ordre tout à fait inférieur et, comme vous le voyez, c'est un bien misérable trophée.

La plupart des monuments arabes de la Tunisie, de l'Algérie et du Maroc appartiennent à l'*école andalouse*.

Pour comprendre l'importance de cette école, il est nécessaire de rappeler que les Maures ou Berbères établis en Espagne furent à la tête de la civilisation des peuples de leur race depuis le XIIe siècle, et qu'ils comptèrent parmi eux des artistes et des architectes qui ont élevé de fort beaux monuments. Je vais vous en montrer quelques-uns particulièrement intéressants pour nous parce qu'ils ont servi de modèles à ceux qu'on voit dans le Nord de l'Afrique.

Voici une petite synagogue juive, qui est aujourd'hui l'église *Santa Maria la Blanca*, et qui fut construite à Tolède au XIIe siècle, après l'expulsion des Arabes de cette ville. Leur art s'était cependant imposé à ce point à leurs vainqueurs, que ceux-ci n'hésitaient pas à recourir à leurs architectes. *Ancienne Synagogue Juive à Tolède.*

Passons au minaret de la grande mosquée de Séville : sa partie supérieure est espagnole et a été ajoutée au XVIe siècle. On l'appelle la *Giralda* ; il sert de tour à la cathédrale de Séville : c'est tout ce qui reste de la mosquée qui devait être fort belle. *Le Minaret de la grande Mosquée de Séville.*

Voici, dans le *palais de l'Alhambra* de Grenade, la salle des deux sœurs, de *las dos hermanas*, ainsi nommée à cause de deux larges dalles en marbre placées à l'entrée de la salle. *La salle des deux sœurs dans le palais de l'Alhambra.*

Eh bien, ce style architectural de la *synagogue de Tolède*, de la *Giralda* et de *l'Alhambra* a été imité par les Maures d'Afrique.

Voici, pour vous en convaincre, le minaret de Mansourah, près de Tlemcen ; c'est le plus beau de toute l'Algérie. Vous voyez qu'il a une ressemblance très grande avec le minaret de la grande mosquée de Séville que nous venons de voir, mais il n'est pas, bien entendu, couronné comme la *Giralda*, de ce clocher à jour du style de la Renaissance, que les Espagnols ont construit pour l'approprier à sa nouvelle destination. *Minaret de Mansourah près de Tlemcen.*

*

L'intérieur de la petite Mosquée de Sidi Abd el Kassem à Tlemcen. — L'intérieur de cette petite mosquée de Tlemcen placée sous l'invocation de *Sidi Abd el Kassem*, a le même mode de décoration que la salle du palais de l'Alhambra que nous avons vue. Cette décoration se compose d'arabesques en plâtre, souvent même en marbre ajouré, d'une extrême élégance et d'un travail très fin.

Lorsque, après la prise de Grenade en 1492, les Rois Catholiques Ferdinand et Isabelle chassèrent les Maures d'Espagne, ceux-ci se réfugièrent au Maroc, en Algérie et en Tunisie : ils apportèrent avec eux leur civilisation et leurs arts, aussi existe-t-il encore aujourd'hui dans beaucoup de villes du Nord de l'Afrique un quartier ou des rues qui ont conservé le nom de *quartier ou rue des Andalous,* comme à Tunis par exemple : certaines familles prétendent même posséder encore les clefs des maisons habitées à Grenade par leurs ancêtres.

Minaret de la Mosquée Djedid à Tunis. — Il y a cependant à Tunis des minarets d'une forme toute spéciale qui ne vient pas d'Espagne. En voici un échantillon : c'est la *mosquée Djedid* (la neuve) : on en voit une douzaine de semblales à Tunis. Vous pouvez vous souvenir que, sur l'Esplanade des Invalides, à l'Exposition de 1889, M. Saladin dont je vous ai déjà parlé avait construit un minaret sur le plan de celui reproduit par cette photographie.

Minaret de la Fiancée à la grande Mosquée de Damas. — Il est intéressant de comparer les minarets de Séville, de Tlemcen, de Tunis et de Kairouan avec ceux de Syrie. Voici un des trois minarets de la *grande mosquée de Damas*; il s'appelle poétiquement le *minaret de la Fiancée* et est fort élancé et fort élégant, comme vous pouvez en juger.

L'entrée de la Mosquée du Barbier à Kairouan. — On ne trouve pas dans l'Afrique du Nord que des imitations du style des Maures d'Andalousie : nos architectes du xviiie siècle y ont aussi fait école. Vous pouvez le constater en voyant cette porte de la *mosquée du Barbier* à Kairouan, dont les chambranles paraissent empruntés à un château de l'époque de Louis XV. On croyait que le nom de cette mosquée lui venait

de ce qu'elle contenait le corps du barbier de Mahomet ; mais
une enquête plus approfondie a établi qu'il est dû à ce que la
mosquée possède une relique plus précieuse : trois poils de la
barbe du Prophète (hilarité), et je vous assure que les Musulmans, dans leur foi ardente, n'entendent pas plaisanter sur cette
sainte relique. La mosquée est placée au milieu d'une sorte
d'Université arabe qui est une véritable école de fanatisme.

Depuis le xvie siècle jusqu'au début du xixe, Tunis a été,
comme Alger, un nid de pirates et, ainsi que le disait récemment M. Maxime du Camp en parlant d'une autre époque et
d'une autre histoire : « les annales de ce peuple n'ont été qu'un
long gémissement poussé à travers les incendies, les massacres
et les ruines. »

Aussi, quand en 1881 nous nous sommes établis à Tunis,
le pays était-il ruiné et dépeuplé. Notre protectorat a réveillé
ses anciennes gloires, il a donné une impulsion nouvelle aux
forces vitales du pays. Nous y avons trouvé une terre fertile,
surtout dans la vallée de la Medjerdah, et de belles forêts en
Kroumirie, dans la partie du pays voisine de la province de
Constantine. Beaucoup de capitaux français ont afflué : ils se
trouvent suffisamment rémunérés et le prix de la terre a
considérablement augmenté de valeur depuis onze ans. Il est
vrai que nous nous sommes trouvés en présence de populations composées en grande majorité de Berbères, partant
bien moins fanatiques que les Arabes proprement dits.

Au reste, le régime du Protectorat est plus avantageux pour
la France que celui de la domination directe, ce qui n'est pas
suffisamment connu de tout le monde. En laissant subsister
l'autorité nominale du *Bey* qui couvre certains abus que nous
ne pourrions pas éviter à moins d'efforts disproportionnés avec
le but à atteindre, nous nous bornons à un rôle de surveillance,
et sommes dispensés d'administrer et de gouverner coûteuse-
ment et directement le pays. Nous évitons ainsi les nombreux

essais de colonisation souvent infructueux et toujours onéreux
que nous avons faits en Algérie. Les colons étrangers, faisant
taire certaines jalousies que notre occupation avait d'abord
suscitées, commencent à apprécier les bienfaits et la libéralité
de notre contrôle administratif ainsi que l'ordre que nous avons
établi dans le pays.

Aussi je salue au passage la mémoire du dernier résident
général, M. Massicault, qui avait su se faire bien venir de tous,
ce qui n'est pas un mince mérite je vous assure, et qui a
laissé d'unanimes regrets, aussi bien dans les colonies étran-
gères, que chez les Français et les indigènes. (Vifs applaudissements.)

Mais l'un des hommes qui ont le plus travaillé à faire
aimer notre pays a été le cardinal Lavigerie. Toutes les œuvres
qu'il a entreprises ne lui survivront certes pas, mais c'était un
homme de caractère et d'autorité en même temps qu'un
homme d'action, une sorte de manieur d'hommes, qui s'imposait, savait inspirer toutes les confiances et tous les dévoue-
ments, et qui a parfaitement réussi dans l'œuvre d'humanité
et de civilisation qu'il avait entreprise au profit de la France,
car c'était un excellent patriote. (Applaudissements répétés.)

Intérieur de la Cathédrale de Carthage.

Voici la cathédrale de Carthage où repose le cardinal Lavigerie : elle se trouve à côté de la chapelle de Saint-Louis que
je vous ai montrée tout à l'heure. Connaissant la vénération
qu'ont les Arabes pour les hommes revêtus d'un caractère religieux, ainsi que le respect, je puis dire l'enthousiasme qu'ils
avaient pour le cardinal, je n'ai pas été surpris de lire dans
les journaux que, le jour de son enterrement, les cordons de
troupes ont été à diverses reprises rompus par les indigènes
qui venaient déposer des placets sur le cercueil de celui qu'ils
considéraient à l'égal d'un de leurs plus grands *marabouts*,
d'un de leurs plus grands saints.

Nous en avons fini avec Tunis ; nous allons nous diriger vers

Tripoli, par mer bien entendu et non par terre, ce qui serait beaucoup trop long.

Nous abordons à *Sousse*, l'ancienne Hadrumète qui ne compte plus aujourd'hui que 15.000 âmes. D'après Salluste, Hadrumète était une colonie phénicienne plus ancienne que Carthage. Scipion y a débarqué; Annibal en est parti, fuyant la haine des Romains et l'ingratitude de ces concitoyens; je crois que César y aborda aussi, ainsi que Bélisaire

Vue de Sousse prise de la mer.

Sousse a été très longtemps un nid de pirates. Ses remparts sont dominés par un haut minaret qui couronne *la Kasbah*, transformée en caserne et occupée par le quatrième régiment de tirailleurs indigènes. Du haut de ce minaret on a une vue prestigieuse sur les toits blancs des maisons, sur les coupoles blanches (ce que les Arabes appellent des *Koubbas*), sur les murailles qui resplendissent au soleil d'Afrique. Au delà s'étend la mer, et je vous assure qu'en rentrant en France, nos villes et nos vieilles forteresses noircies, enfumées, qu'on voit sous un ciel relativement bas, paraissent tristes et ternes. Je n'entends certes pas dire du mal de notre beau pays de France..... mais son soleil ne peut pas rivaliser avec le soleil d'Orient, un grand magicien qui illumine tout, qui jette des paillettes d'or sur des haillons et donne de l'éclat à de simples murailles blanchies à la chaux, comme celles des villes de la Tunisie, qui seraient du reste incapables de résister au canon.

Les remparts de Sousse.

Sfax est la seconde ville de la Régence avec une trentaine de mille habitants. Ses murailles sarrasines sont, comme à Sousse, d'un fort joli effet.

Vue de Sfax.

Voici l'Oued ou ruisseau de *Gabès*, à 3 kilomètres de cette ville qui a remplacé l'ancienne colonie romaine de *Tacapae*. Gabès se trouve au sud de la Tunisie, au fond de ce que les anciens appelaient la *petite Syrte*. C'est par là que le commandant Roudaire voulait introduire la mer dans *les Chotts*, c'est-à-dire dans les fonds marécageux placés au dessous du niveau

L'Oued de Gabès.

de la Méditerranée. Il espérait par ce moyen fertiliser le désert et y amener des pluies bienfaisantes qui auraient changé le climat. On s'est arrêté à temps, croyez-moi, car aujourd'hui on a reconnu que l'entreprise était impraticable et qu'on aurait enfoui des sommes immenses pour un résultat problématique, ou tout au moins fort médiocre.

Fort
Sarrazin
dans l'Ile
de Djerba.

Voici un fort sarrazin dans *l'Ile de Djerba*, à une faible distance à l'est de Gabès, et qui n'est éloignée de la côte que de quelques centaines de mètres. Les Romains avaient même relié l'île au rivage par un pont dont on voit encore les traces.

Cette île est carrée : c'est *l'Ile des Lotophages* dont Homère et Hérodote ont parlé. Ses habitants se nourrissaient du fruit du lotus qui faisait oublier leur patrie à ceux qui en mangeaient.

On s'est beaucoup demandé ce qu'était ce fruit. Est-ce le fruit de la fleur de lotus qui a disparu de l'Egypte et qu'on retrouve encore dans les anciens tombeaux de l'époque des Pharaons? est-ce le fruit du palmier? est-ce celui du pistachier? du jujubier? Je n'en sais rien; mais ce devait être un fruit délicieux pour que ceux qui en mangeaient oubliâssent subitement leur pays, comme le raconte Ulysse.

A l'époque romaine, les hauts fonctionnaires et les riches négociants de la *Zeugitane* et de la *Byzacène* avaient de magnifiques villas dans cette île. Aujourd'hui elle est habitée par une population berbère très industrieuse, surtout très commerçante, les *Djerbi*, qu'on rencontre partout en Tunisie. Ils professent un rite religieux spécial qu'il serait trop long de vous faire connaître. On l'appelle *le cinquième*, parce que ses adhérents n'appartiennent à aucune des quatre grandes sectes auxquelles se rattachent les autres Musulmans du Nord de l'Afrique.

Nous voici à *Tripoli*. Nous irons vite parce que les souvenirs historiques sont ici moins grandioses que dans l'ancienne province d'Afrique, et parce que nous ne sommes plus en terre française. On reconnaît, avant même d'avoir débarqué, qu'on se trouve dans un pays soumis aux Turcs, en voyant la forme des minarets qui ressemblent à ceux des mosquées de Constantinople : on le reconnaît aussi aux soldats déguenillés qu'on rencontre dans les rues.

Le nom de Tripoli, qui veut dire *les trois villes* en grec comme vous le savez, vient de ce que cette ville commandait à trois autres : *Œa*, *Sabrata* et *Leptis Magna*, assez éloignées l'une de l'autre. *Leptis Magna* est la patrie de Septime Sévère.

A cent mètres de la douane de Tripoli où l'on débarque, se voit un arc de triomphe romain en marbre blanc d'un beau travail. Il a été élevé en l'an 164 de notre ère, époque où l'art romain n'était pas encore tombé en décadence, par un préteur, en l'honneur de *Marc-Aurèle* et de *Lucius Verus* associés à l'empire. Ce remarquable monument a été transformé en un magasin de futailles occupé par un Maltais qui m'en a ouvert la porte.

Arc de triomphe de Marc-Aurèle dans une rue de Tripoli.

Il est *quadrifrons*, c'est-à-dire qu'il a quatre faces toutes semblables, comme l'*arc de Janus* à Rome, et comme l'*arc de Caracalla* à Tébessa. Si Tripoli tombait entre les mains d'une puissance civilisée, un de ses premiers soins devrait être de dégager ce monument qui est aujourd'hui enfoui aux deux tiers de sa hauteur.

Voici le *marché au pain*, à la porte de Tripoli. C'est une de ces scènes orientales pleines de mouvement et d'éclat où le soleil joue le principal rôle et qui ravissent les yeux du touriste.

Le Marché au pain.

A 300 mètres de la Méditerranée commence l'oasis de Tripoli qui s'étend sur une profondeur d'environ trois kilomètres et aboutit au désert.

L'Oasis de Tripoli.

Nous arrivons, à la fin de l'oasis, à une petite chapelle arabe avec un dôme blanc (*une koubba*), que le sable commence à envahir. C'est le commencement du désert, et c'est par là que le brave commandant Monteil est arrivé, il y a quelques jours, revenant du Soudan et du lac Tchad.

L'entrée du désert.

L'*Ile de Malte* a 13 kilomètres de largeur et 27 de longueur. C'est un rocher calcaire, aride, presque sans verdure, mais dans une situation magnifique au milieu de la mer Méditerranée. Toutes les constructions sont en belle pierre très abondante dans l'île, mais qui ne laisse pas que d'avoir une belle apparence.

Deux mots sur les chevaliers de Malte. L'ordre des *Chevaliers Hospitaliers de Saint-Jean-de-Jérusalem* avait été créé lors de la première croisade. Ils furent chassés de Jérusalem en 1188 en même temps que les croisés, et se réfugièrent successivement à Saint-Jean-d'Acre, puis dans l'île de Chypre et à Rhodes, d'où le Sultan Soliman I, le contemporain de François Ier, de Charles-Quint et de Henri VIII, les expulsa en 1522.

Huit ans après, Charles-Quint qui régnait sur l'île de Malte comme roi d'Aragon l'offrit aux *Chevaliers de Saint-Jean-de-Rhodes*, qui prirent alors le nom de *Chevaliers de Malte*; ils y séjournèrent jusqu'en juin 1798, où Bonaparte s'étant emparé de l'île qu'il avait trouvée sur son chemin en allant en Egypte, détruisit l'ordre des chevaliers. Ce fut une faute politique qu'il a dû regretter plus tard.

Port de la Quarantaine à La Valette.

En 1800, à la suite de l'échec final de l'expédition d'Egypte, les Anglais ont pris Malte : ils l'ont conservée et je vous assure qu'ils ne la rendront pas. Ils ont du reste fait de *La Valette*, sa capitale, une fort belle ville, et ses ports multiples qui s'enfoncent dans les terres comme les tentacules d'une pieuvre ont été fortifiés d'une façon formidable.

Ruines phéniciennes d'Hagiar Kim.

Malte est l'ancienne *Melita*, qui fut une colonie phénicienne et romaine. On a trouvé à la pointe orientale de l'île ces ruines connues sous le nom *d'Hagiar Kim* que l'on croit phéniciennes. Elles sont d'une très haute antiquité, probablement du xie ou xiie siècle avant J.-C.

Rue Santa Lucia à La Valette.

Voici la *Strada di Santa Lucia* à La Valette, ville de 70.000 âmes, située sur un sol inégal et montueux, ainsi que vous pouvez le voir par les escaliers qui occupent le milieu de cette rue pittoresque.

Le palais du gouverneur de Malte est l'ancien palais des grands maîtres de l'ordre des Chevaliers. La salle où se réunit le conseil qui assiste le gouverneur et est composé de fonctionnaires anglais et de quelques députés élus par les Maltais, est décorée de magnifiques tapisseries des Gobelins, d'après les cartons de Leblond, qui ont été données par Louis XIV.

La Salle du Conseil dans le palais du gouverneur de Malte.

L'ordre était fort riche et avait élevé de belles constructions. Plusieurs des grands maîtres ont été français et parmi les plus illustres il faut citer La Valette, qui a donné son nom à la capitale de l'île, au xvi° siècle. Un prince de la maison de Rohan dont voici le tombeau dans l'église Saint-Jean qui sert de cathédrale, a été l'avant-dernier grand maître : il est mort le 17 juillet 1797.

Tombeau d'un prince de Rohan.

Dans cette même église de Saint-Jean, voici le tombeau du comte de Beaujolais, frère du roi Louis-Philippe, mort de consomption à Malte en 1808. Ce tombeau a été sculpté par Pradier en 1843.

Tombeau du comte de Beaujolais.

Enfin, les Maltaises ont la tête et les épaules couvertes par une sorte de capuchon qu'on appelle *faldetta*, qui ne manque pas d'une certaine grâce, et qu'elles manient comme les Espagnoles savent jouer de l'éventail, en se couvrant et se découvrant le visage et en s'exposant ou s'abritant des rayons du soleil.

Une Maltaise avec la *faldetta*.

En terminant cette revue rapide quoique trop longue, des destinées de la Tunisie et de l'Algérie, j'éprouve le besoin d'adresser mon témoignage de reconnaissance et d'admiration aux savants et artistes français : épigraphistes, archéologues, géographes, architectes, dont les noms sont trop peu connus du grand public et qui, depuis 40 ans, ont étudié patiemment l'histoire, les antiquités, les inscriptions et les monuments de ces contrées que nous avons tant d'intérêt à bien connaître. Leurs travaux font honneur à la science française. Je veux parler de *Léon Rénier*, *Victor Guérin*, *Vivien de Saint-Martin*, *Tissot*,

Henri Duveyrier, qui ne sont plus ; et dût leur modestie en souffrir, je tiens à ajouter à leurs noms ceux des savants que nous avons le bonheur de voir parmi nous : *MM. le docteur Hamy, Héron de Villefosse, Philippe Berger, le R. P. Delattre, Cagnat, Saladin, Emile Masqueray, René de la Blanchère, Babelon, Salomon Reinach.*

En résumé, la Tunisie forme avec l'Algérie sa voisine, une colonie magnifique qu'il nous sera facile de mettre en valeur en nous inspirant parfois de l'exemple que nous ont donné les Romains, ses anciens maîtres. Il est vrai que ceux-ci n'ont pas eu affaire à des populations aussi rebelles à la civilisation, aussi fanatiques et aussi difficiles à assimiler que les Arabes. Cette considération m'excusera, je l'espère, de vous avoir entretenu si longtemps du passé d'un pays dont on ne considère généralement que l'état présent. (Salve d'applaudissements.)

TABLE

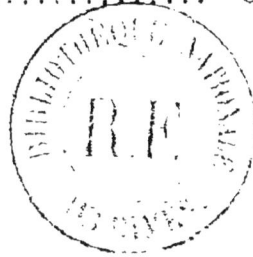

MACON, PROTAT FRÈRES, IMPRIMEURS

HISPANIE

M E R   I N T É R I E U R E

MAURÉTANIE TINGITANE

Portus Magnus
Siga
Oran
Rusadir
Lalla Maghnia
Pomaria (Tlemcen)
Siouville

Asar (Cherchel)
Cartenna (Ténès)
Julia, Iol Cæsarea
Gunugu
Zuccabar
Tipasa
Tombeau de la Chrétienne
Icosium (Alger)
Rusgunia
Bida
Saldae (Bougie)
Rusazu
Tubusuctu
Tigisis

MAURÉTANIE CÉSARIENNE
Oppidum Novum
Columnata
Auzia (Aumale)
Tiaret
Usinaza
Zabi
Arbal
Emplacement
Calceus Herculis
Bescera
Gemellas

T É L L   L U M

MAURÉTANIE SITIFIENNE

Milev
Sitifis (Sétif)
Sigus
Zaraï
Diana
La Madraçen
Lambæsis (Lambèse)
Thamugas (Timgad)
Tubunae
Mascula

N U M I D I E

MONS AURASIUS

Negrin

Kabylii
Tucca

Calama
Cirta (Constantine)

Tenedium
Hippo Regius
Thabraca
Simittu (Chemtou)
Bulla Regia
Vaga
Naraggara
Madaura
Thubursicum
Sicca Veneria
Sufetula
Theveste (Tébessa)
Cillium
Aïchburba
Thala
Lares
Assuras
Mactaris
Sufes
Thelepte
Thenae

BYZACÈNE

PROCONSULAIRE D'AFRIQUE

Hippo Diarrhytus (Bizerte)
Utique
Carthage
Tunes
Thuburbo
Uthina
Clupea
Acholla
Carpis
Curubis
Neapolis
Gurza
Hadrumetum
Leptis Minor
Thysdrus
Thapsus

PETITE SYRTE
Ile des Lotophages (Djerba)

Tacapae (Gabès)

Nefta
Tolman

AFRIQUE ROMAINE

200 Kilomètres

200 Milles romains

Légende

Icosium nom ancien   (Alger) nom moderne
------ limite de province

J. Hansen

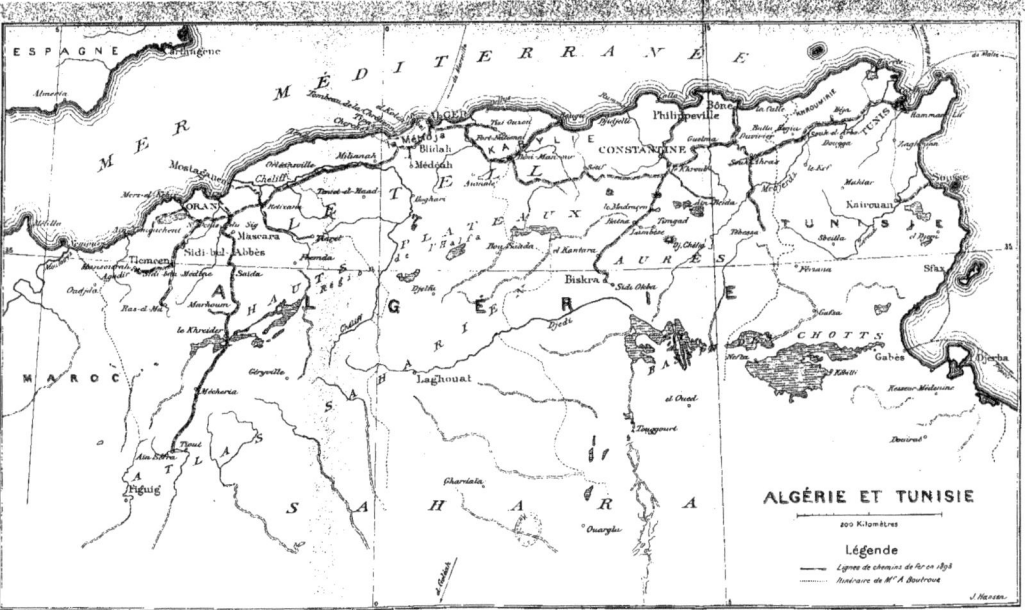

ALGÉRIE ET TUNISIE

200 Kilomètres

Légende

——— Lignes de chemins de fer en 1898

········· Itinéraire de Mᵐᵉ A. Bertrand

J. Hansen.

www.ingramcontent.com/pod-product-compliance
Lightning Source LLC
LaVergne TN
LVHW022024080426

835513LV00009B/860